華を喰らう侠たち

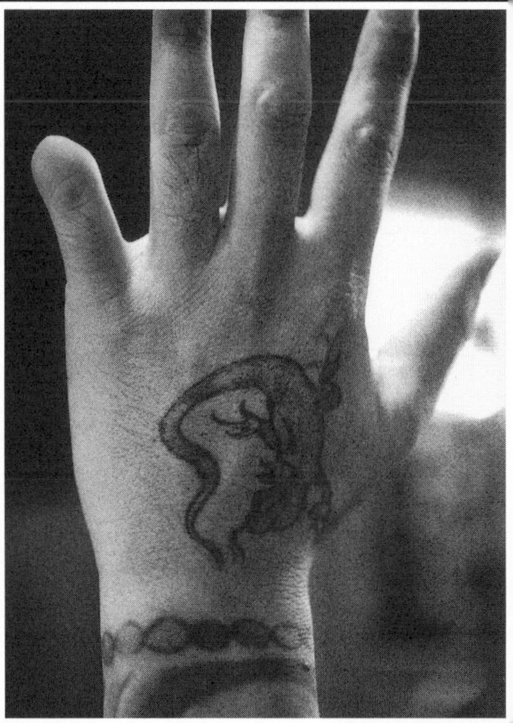

中村龍生○写真・文

成甲書房

華を喰らう侠たち

目次

装幀◎恵比寿ロコ・モーリス組

少年期

良彦が涙を流しながら遠い先から歩いてくる。

私も良彦も小学四年であった。

左に畑、右は空き地、真ん中に一本道がずっと延びている。囲いはお茶の木だった。昭和の三十年から四十年にかけては東京でも田畑がそこいらじゅうにあった。

私とクリーニング屋のみのる、竹屋の正年、両親が朝鮮半島生まれのピー子という餓鬼たちがいた。ある日私たちは畑を前に悪知恵をはたらかせた。畑のサツマイモを掘り出して、焼いて食ってしまおうという魂胆である。

かっぱらいの最中、良彦が逃げ遅れてしまい、農家のおじさんに捕まってしまった。

「コラー！　お、おまえら、なにやってるんだ。この、このやろう！」

おじさんが走ってくる。凄い形相だ。丹精こめて作ったサツマイモだ。ゆるしてなるものかという気持ちだろう。

「おい、逃げろ！」

みんな散り散りに逃げた。しかし良彦は捕まってしまった。襟首をつかまれ、おじさんの家に引きずりこまれた。涙で顔をぐちゃぐちゃにして良彦はようやく放免された。

良彦が泣いている姿は何度か見覚えていた。小学校の運動場に立ちすくみ、なぜか泣いていることもあった。クラスの番長に殴られたらしい。子どもの頃は誰でもどこでもよく泣くが、妙にその二つの情景が私の頭の中に残っている。

良彦はその後、二十歳《はたち》になる前に死んでしまった。あいつの青春はいったい何だったんだろう。良彦のお母さんは病で死んだと言っていたが……。

*

私の家の斜め前、大きな二階家は同級生の一郎の家だ。一階は蕎麦《そば》屋であった。

いつだったか、一郎が左の畑の糞溜めに落っこちてしまった。私たち餓鬼どもは一緒に遊んでいたので、目の前でそれを見てしまった。一郎は首まで糞溜めに漬かり、顔だけニョキッと出していた。ギラギラした眼ン玉で私たちを見ている。泣いているのか笑っているのか、よくわからなかった。

盃事

一郎はウンコだらけの身体を引き上げ、衣服を脱ぎ、素っ裸になって一本道をピタ、ピタと走って家に帰っていった。ウンコと尿の混じった足跡を残し、泣いているのか笑っているのかわからない顔で走っていった。私たちは残された衣服をそこいらの小枝にひっかけて、一列になって一郎の家に向かった。しかし、臭いのなんのって、ほんとうに臭かった。

一郎のお父さんは眼鏡をかけたインテリ風の大工さんである。お母さんは色の白い謎めいた美人だ。どこが謎めいているのか説明は出来ないが、とにかく不思議な感じで、いつも和服を着ていた。蕎麦屋はお母さんが切り盛りしている。一郎はいつも、四角いチーズをおかずに蕎麦を食っていた。一郎も不思議なヤツだ。

私たちが小枝にひっかけた衣服を持っていくと、その艶《つや》っぽいお母さんは鼻を摘み、美人の顔をくしゃっとさせた。美しい顔がだいなしになった。

＊

一本道をはさんだ右が畑と糞溜め。左が空き地。その隣には大きな家があった。博徒というか、ある組長の大豪邸であった。

邸に住む組長は当時は少数の組員しかいなかったが、かなりヤクザ業界では名を売っていたそうである。十年くらい前になるが、秋田では有名な親分に会ったおり、こう聞かれた。

「中村さん、あんた東京の田無か。ほんじゃあI組があるだろう。I組の組長は元気かい、わしは昔、世話になったんだ。たしか組は解散したと聞いたが」

その頃I組はすでに解散しており、組長も引退していた。組員は関東の大きな組織の預かりとなった。

私たち餓鬼どもは、その大豪邸の前でよく草野球をやっていた。球のでかいソフトボールで、バットで思いきり打っても遠くまで飛ばない。そんな草野球である。

糞溜めに落ちたあの一郎がバッターボックスに立ったときだった。打った球がI組の大豪邸に飛び込んでしまった。金網が高く張りめぐらしてあるのだが、運が悪かった。糞溜めに落ちた一郎の打球だから運が悪かったのかも知れない。

組長宅には白いでかい番犬がいる。秋田犬だった。私たちは誰がボールを取りにいくか思案に暮れていた。そうするうちに、なんのことはない、組長の息子らしき子がボールを持ってきてくれた。私たちより年下の、眼のクリッとした可愛い子であった。
それが縁となって、それからは下手な野球を私たち餓鬼どもと一緒にやることになった。
息子は「ケンちゃん」といった。金網越しに私たちの下手な野球をいつもじっと見ていたらしい。I組の組長の息子の「ケンちゃん」である。

＊

私がそろそろ中学生になる準備をする頃、まだケンちゃんは小学三年くらいだった。カッと太陽の出た夏の日のことだ。
私たちが草野球に飽きてぼんやりしていると、ケンちゃんがボクシングをやろうと言い出した。大豪邸に招かれたのである。そこには貧乏人の家にはない物がたくさんあった。豪華なソファーがある。洋酒セットがある。ゴルフの芝というのか、練習用のゴルフセットがある。
奥から組長の姐《あね》さんが出てきた。日本の人ではあるが、睫毛の長い外人のような顔をした凄い美人だ。私は何に興奮しているのかわからないが、美しい女性であった。ケーキとジュースをご馳走してくれた。畑からサツマイモを盗んでは食っている連中である。なんと素晴らしいご馳走か、あっという間になくなった。見事であった。
さあ、試合の始まりだ。ボクシングである。両手に革のグローブを着けて打ち合う拳闘である。組長、姐さん、若い衆までが庭の観客席にお出ましになっている。
最初のうちは子ども同士のじゃれ合いだった。私も竹屋の正年と試合をした。やはり猫試合ではあるが、殴られるとけっこう痛いもんである。
いよいよ組長の息子のケンちゃんの出番である。相手はクリーニング屋のみのるだ。このみのるがまた、腕っぷしが強い。
このクリーニング屋のみのるとは今もたまに路などで会う。ハンサムボーイで、三度の飯より車が好きな男だ。私が大病したときなど、早々と見舞に来てくれた。
拳闘の打ち合いは佳境に入ってきた。
ボコッ！
みのるが打つ。
ボコッ、ボカッ！

ケンちゃんが打つ。
おたがい譲らない。二人ともだんだん本気になってきた。
組長は満足そうに見入っている。
ボカ、ボカ、ボカッ、バコ、ボコ、ボコッ。
ボカ、ボコ、ボカ、ボコ。
いやー大変だ。激しい打ち合いになってしまった。機関銃のように打ち合っている。二人とも両手をぐるぐる回している。みのるもケンちゃんも本気になっている。
泣きながら打ち合い、涙を流し、鼻血をたらし、涎までたらしている。
修羅場である。
だ、だれか、止めて。
だれか、だ、だれか。
いやあ、だれも止めに入らない。
どうしたんだ、決着をつけたいのか。やはりヤクザの子である。一歩も退かない。極道の息子であった。
そ、そんなわけはない。ただの子どもである。
だ、だれか止めて、だれか。
私は思った。

とうとう姐さんが間に入り、ストップ、ストップ、ストップと、やっと止めてくれた。
よかった。
二人は顔をくしゃくしゃにして鼻血を流しながら、息をぜいぜいさせていた。
I組の組長は憮然とした様子で、豪華なソファーに座っていた。
その後何年かしてI組は解散。組長は引退した。時おり真夜中に、パーン、パーンという、車のタイヤがパンクしたような音が聞こえた。あれは拳銃か短銃を撃った音ではなかったか、いま思うとではあるが。
ヤクザの組の解散というのも大変なのだろう。
ケンちゃんは極道にはならなかった。最初から堅気だった。
涙でくしゃくしゃになり、鼻血を流し、涎までたらす。両手に革の拳闘グラブ。あの姿、写真に撮っておけばよかったかなあ。

＊

何軒かの木造が連なる長屋にまぶしいほどの陽射しが

あたる。しとしとと雨が降り、強い颱風《たいふう》が通り過ぎる。ひとつの蝋燭《ろうそく》を囲み、家族は嵐が通り過ぎるのを待つ。

そんな凄い嵐がきたときがあった。私の家の斜向かいにはコンクリート造りの電信柱がヌクッとそそり立っていた。

その電信柱に雷が落下した。

ピリ、パリ、バチッバチッ！

バーン！

それは凄い音だった。豪雨のなかでの出来事だから恐いのなんのって、子どもではあるが胆を潰してしまった。

＊

晴れた日はメンコ、ビー玉、ベイゴマなど、遊ぶことはたくさんある。

何軒か先に「ゆき」という女の子の家があった。髪の毛の茶色い、白い肌の女の子だ。私たち餓鬼どもの仲間である。弟は「てつお」だった。ゆきは夕方になると窓側にある風呂によく入った。私たちはメンコなどをやる振りをしながら窓の隙間からよくみんなで覗いた。色の白いゆきの身体は美しかった。

ゆきは、あの若くして亡くなってしまった良彦とは恋仲であった。手を握りながら二人で嬉しそうに歩いていた。

ゆきのお父さんはテキ屋である。瞳の色の薄いフランス人のような人だ。背が高いので、長屋の前の泥道をのしのし歩く姿は、ちょっとアンバランスではあるがえらく格好よかった。

ゆきのお父さんには弟がいた。黒縁眼鏡をかけた普通の人だったが、時々ゆきの家で暴れていた。ガタッ、ゴトッ、ドーン。壁に当たる音か、弟はヒロポンを濫用していた。中毒を起こしていたのかも知れない。

私はその頃、ヒロポンが覚醒剤の一つなどとはまったくわからなかった。脳身体とも、精神から肉体までボロボロにされてしまう悪魔の一滴であろう。

＊

ゆきのお父さんも数年前に冥土の旅に出た。

幼い頃の出来事だが、あの当時のものごとの欠片《かけら》でもいいから写真に残しておけたらよかったと、つくづく思うこの頃である。「ハイッ」。

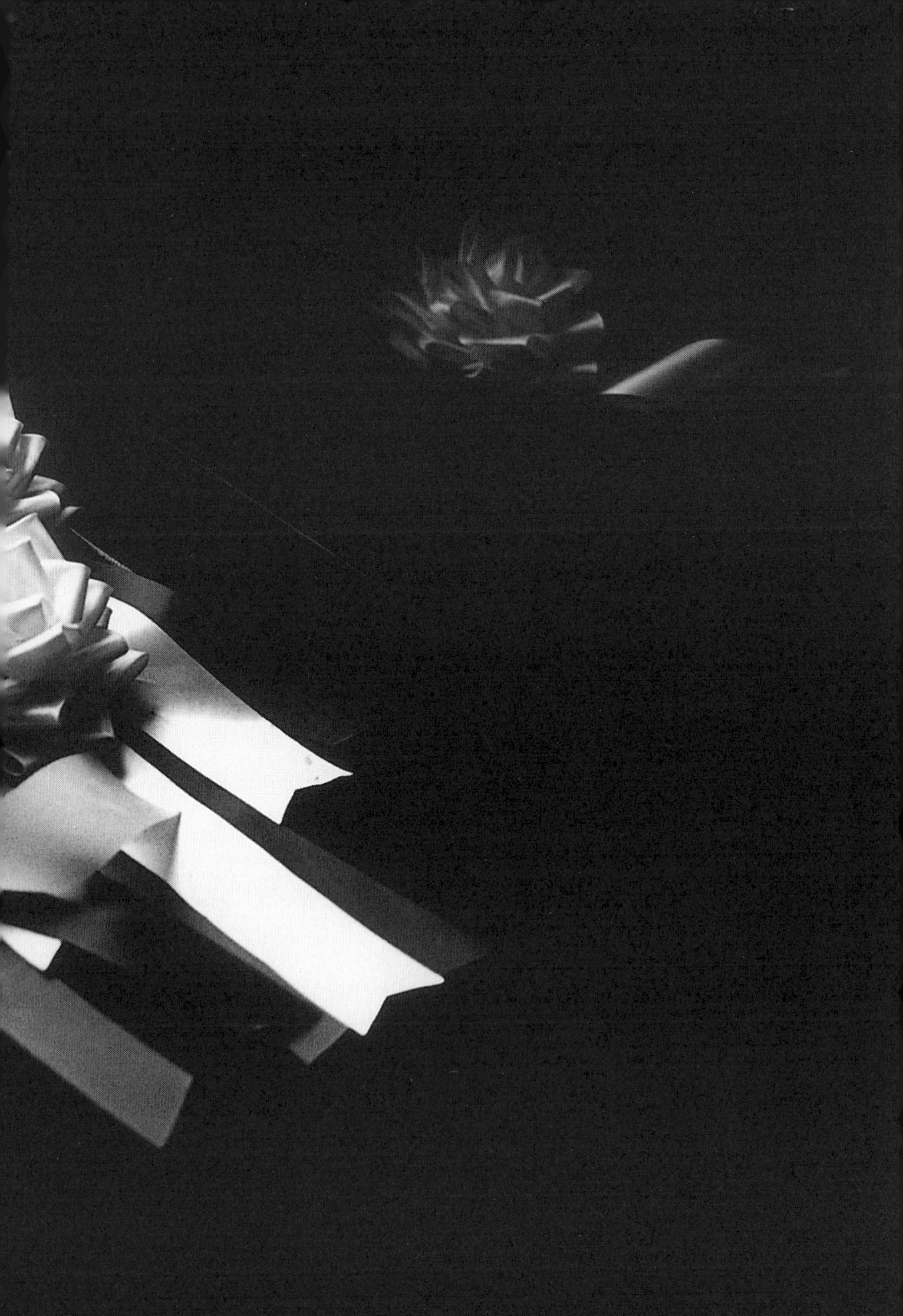

盃事

初老の侠《おとこ》

水道道路端の田んぼのなかで初老の男が自殺をした。

縮緬のシャツにステテコ姿で死んでいた。田んぼ脇の何本か立っている木の下、その一本に縄をつり下げ、首を吊ったらしい。

私たち餓鬼どもも、その光景を見にいくべく泥濘《ぬかるみ》をぐちゃぐちゃ走りだした。

その頃の水道道路はまだアスファルトなどで舗装されておらず、泥にまみれた砂利道であった。水道道路をはさみ、左と右に大きな田んぼがある。

私たちはそこでよく野球をやった。ケンちゃんたちと遊んだソフトボールではなく、中学生になった頃は軟式のボールである。

子ども心ではあるが、初めて死人というものを直視したのである。しばらく私はこの野球場には足を踏み入れなかった。やはり少し恐かったのだろう。

縮緬のシャツとステテコが忘れられなかった。顔は怖くて見られなかったが。

＊

野球場の裏には、これが実に古いというか、オンボロというのか、階段なんかいつ抜け落ちてしまうかと心配するほどひどい有り様のアパートメントがあった。沖縄生まれの画家の人が住んでいた。そこに私はよく通った。私も絵が好きで、この人の描いた油絵を見にいくのが楽しみだった。

この画家の娘さんは私の同級生であった。色が真っ白で髪が赤茶色の、お人形さんのような女の子だった。

やっぱり娘さんも絵が上手で、勉強もよくできた。知能指数が高いのだろう。ほんとうはこの娘さんに会えるのがアパートを訪ねる理由の九〇パーセントだったわけである。

娘さんは可愛かった、実に。

アパートの裏手には何軒かの長屋風のボロ家があった。あの頃はみんな木造のボロ家だ。新しい住宅などいくつもなかった。窓は開けっ放しである。

開けっ放しの窓というと、わが家にいつだろうか、泥棒が入ったことがある。箪笥《たんす》のなかを物色しながら振り返った泥棒と、気配を感じてムクッと起きた親父の視線が合ってしまったらしい。

「オイッ、だれだ、このやろう」
親父は叫んだ。泥棒はアッという間に逃げ出したそうである。それは逃げ足が早かったらしい。後には庭先にきれいにサンダルが整頓されていたのには笑ってしまった。
難を逃れた箪笥の下にあった黄金虫の屍骸にも笑ってしまった。
世の中みんな、貧乏だったのである。
金持ちもずいぶんいたか、まあいい。

＊

ジャラジャラジャラ、
ガチャガチャガチャ。
何軒かのボロ家の一軒を覗くと麻雀をやっていた。
男が四人、近くまで行くとそのうちの一人は彫り物をした男であった。
入れ墨をしている男が極道かヤクザであるのかそれはわからないが、まだ餓鬼である私にとってはやはり異様であった。不思議な風景にも見えた。
その後、彫り物を入れたこの男とはよく出合った。商店街の片隅、だんご屋の店先、パチンコ屋と、男の後ろ姿があった。まだ私は中学生であったが、煙草もパチンコもよくやった。女にはどうしてかモテなかった。残念である。
その入れ墨の男は地回りのヤクザだった。相当顔の利く極道だったらしく、肩で風を切って意気揚々と歩く姿を思い出す。

＊

地回りの隣の隣には朝鮮生まれの親を持つ同級生のピー子がいた。まだ中学生だというのに豊満なボディをしたピー子だった。胸なんかとんがっていた。顔は決して美人ではないが、性格はとてもよく、眉毛がほとんどなかった。身体も大きく、女子のなかでは目立った存在だった。
いつだったか、用事もないのにピー子は私の家に寄ったことがある。私が応対に出ると、ピー子は何も言わずニコッと笑って帰っていった。
おかしな奴だと思い、ピー子の家に行ってみた。独りでボケーッと縁側に座っていた。雨戸が閉まっていて中

花嫁

田無の飲み屋跡

湯場

に入れなかったらしい。裸足で座り、妙に色っぽいスカート姿のピー子はただ黙っていた。
何か悩んでいたのかも知れない。私は声をかけずに、遠くからしばらくピー子を見ていた。
中学を卒業し、ピー子は朝鮮高等学校に入学したらしい。

＊

町には必ず繁華街というのか飲み屋街があるものだ。最近のことだが、居酒屋で一杯酒を飲んで帰ろうと思い、一軒の飲み屋に立ち寄った。初老のおじさんが入ってきた。焼酎を注文し、席に座る。
そうだ、あの、後ろ姿の入れ墨のヤクザではないか。焼酎を一杯飲み干すと、軽い雑談をして店を出ていった。たしかにあの、あの極道であった。
店の親父に聞くと、あの人は幾つもの病を抱えていたそうだ。心臓、がん、脳の病気、手術の明け暮れだったそうである。
しかし不死身のように生き返る。元気であった。髪は白く、ヒゲは伸び放題、野球帽をかぶって、まだ地回りをやっていたのだ。

＊

「わるいんだが、中村さんかい！」
かなり年配の人からの電話だ。
「茨木の〇だが」
「あっ、組長。久しぶりです。お元気ですか」
茨木の親分から電話だった。白髪の年配の親分である。
「中村さん、今月の十六日仕事空いてないかい。じつはわしの娘の結婚式なんだ。写真を撮ってくれないか。あんたにどうしてもお願いしたいんだが」
親分からの電話だった。
しかし、その日はある仕事で埋まっていてどうしても折り合いがつかず、親分には申し訳なかったが、丁重にお断りした。
「そうか、残念だが。しかしどうしてもあんたに撮ってもらいたかったんだが」
親分の声がだんだん小さくなっていった。
「……しかたがない」
親分は最後にそう言った。

その翌年、親分は亡くなった。
どうしてもあんたに写真を撮ってもらいたいんだが、その言葉がいまでも胸に突き刺さる。茨木の親分、七十過ぎの侠《おとこ》であった。

＊

朝鮮高校に行ったピー子はどうしているだろうか。
あれから三十数年、無性にピー子に会いたくなった。

追想エレジー

曇りガラスの玄関戸になにやら黒い物体がでーんと居座っている。

斜め前の親戚である尾崎さん家のポチというワン公である。

毎日決まって散歩の前は私の家の玄関前に座り、好物の生ハムを食していく。腐りかけのハムなどだそうものなら大変だ。私の顔をジローッと視て、顔をそっぽに向けてしまう。動物は匂いに敏感である。

ペロッとハムを食べ、伯父さんと散歩の始まりだ。

私の住んでいるここらあたり一帯は戦時中、中島製作所といって、あの名機「隼」という戦闘機を作っていた会社の社宅だった。そこを買い取ったのだ。昨今はずいぶん変わったけれども、当時は木造のボロ家が並んでいた。

斜め前が伯父さんの尾崎重治さん、真向かいが重治の伯父さんの清七さんの家である。今は清七さん一家は引っ越していない。

終戦間もない荒野の新宿を疾風のごとく駆け抜けていった関東尾津組、「光は新宿より」のスローガンを掲げ、新宿マーケットという大事業を成し遂げた大親分・尾津喜之助、その関東尾津組の組員だったのが重治の伯父さんの清七である。重治も「尾津なリンタク」の運転手だったそうである。清七さんの兄の鉄蔵さん、そして重治の弟の幸次さん、みな関東尾津組の組員であった。荻窪、西荻窪、そして高市《たかまち》でも、吊るしやメリヤスの叩き売りでしのいでいたそうだ。

鉄蔵さんも清七さんも、酒で命を縮めた。重治の弟の幸次さんも三十八歳という若さで酒で亡くなった。ずいぶんと無茶なことをしたのだろう。

夏の日の午后、縁側でランニング姿の清七さんが団扇《うちわ》でパタパタと顔に涼風を送っている姿が眼に浮かぶ。もう四十年も前のことだ。

清七さんの家から百メートル弱か、中学校の同級生で、ゆたかという奴がいた。親父が商店を経営していて、青木商店という名であった。その隣に二階建てのアパートがあった。

ゆたかは綽名が「ガタンポ」という。「湯タンポ」が壊れかけて「ガタンポ」となった。深い意味はよくわからないが、良い男である。鼻が高く、目許なんか外人みたいだった。手は毛むくじゃらだったが。

そのアパートの二階の真ん中の部屋で、若い金髪の外人女性と商社マンらしき日本人男性が同棲していた。その隣には坊主頭のヤクザ者と、愛人か、恋人か、ある女性と、そしてたまに来る背の小さい弟分のチンピラがいた。「アニキ、アニキ」とよく呼んでいた。坊主頭の男の肩から腰にかけては入れ墨がびっしりと入っていた。

蒸しむしする夜のことだ。黙っていても汗がたらたらと流れる。私とガタンポはシケモクなどを吸いながら、ボケーッとしていた。

おや、隣のアパートの金髪の外人女性の部屋で、ごそごそと何かが動いている。金髪と商社マンが抱き合っているではないか。「こと」の最中である。

私とガタンポは窓の隙間から食い入るように覗いた。二人とも必死である。興奮もしてきた。

二人はまじめに覗いた。また興奮してきた。困ったもんである。

あれ、隣のヤクザの部屋に明かりが点った。窓は開いている。

愛人が窓際に立ち、後ろには坊主頭のヤクザ者が、そして私とガタンポを睨んだ。覗いているのがバレてしまった。

それだけではない。坊主頭はやにわに愛人のスカートを一気に捲《まく》ったのである。

ギョッと驚いた。愛人は下着を着けていなかった。黒くてボッとした、もやもやの塊が眼のなかに飛び込んできた。真っ白な下腹部だった。

私はガタンポと顔を見合わせると、また興奮してしまった。坊主頭と愛人はケラケラ笑っている。私もガタンポもなぜか可笑しくなった。

変な夜である。それからは昼間、愛人と道で会うと、まともには顔を見られなかった。あの、黒い、黒い塊が……。

夏も盆踊りが終わると、すぐに秋がやってくる。太鼓が威勢よく鳴り、人々が踊りに興じている。私とガタンポは相も変わらず、男どうしで盆踊りに繰り出した。

踊りの輪のちょっと後ろに、あの坊主頭のヤクザ者と背の低い弟分がいた。黒い背広を肩抜きにして、雪駄を履いていた。私は声を掛けてみようかと思ったが、二人の後ろ姿からはなぜか、えも言われぬ殺気が漂っていた。いま思うと、あれが極道の顔だった。

尾崎重治の伯父たち。右より、うの助、鉄蔵、岩蔵、清七

盆踊り

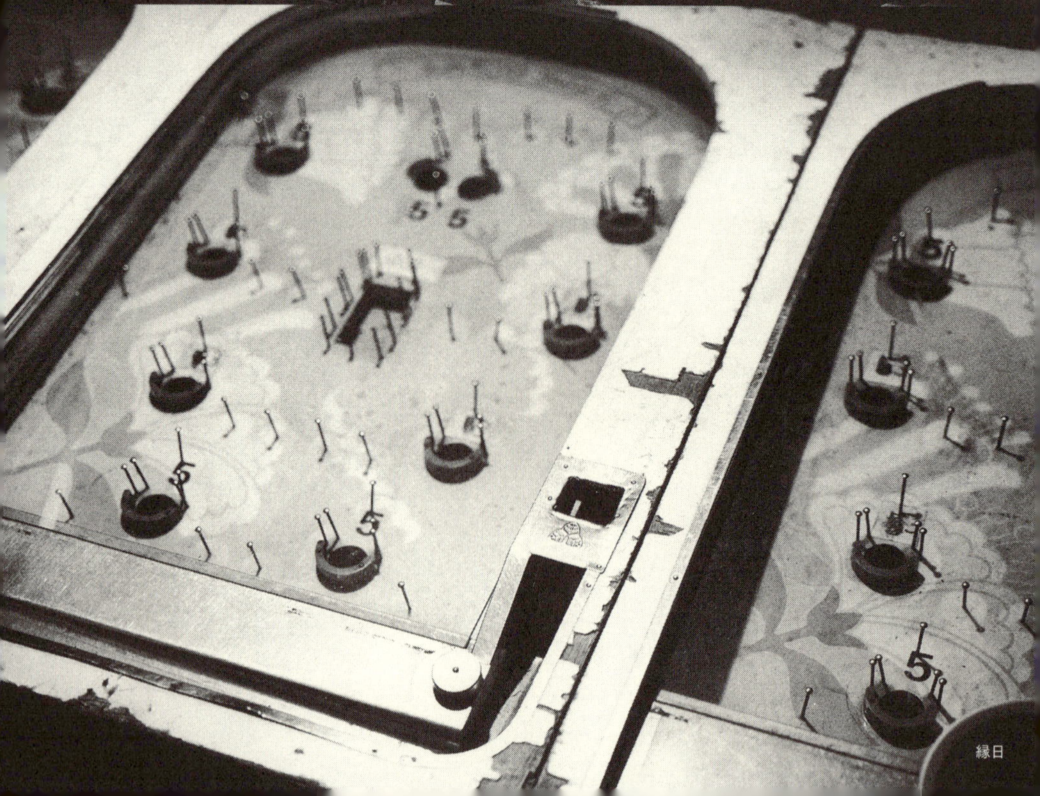

縁日

蒸し暑さのなかで、その男の周囲だけが、人の血を薄めたピンク色に染まっているような、そんな気分に包まれていた。
その後、青木商店は潰れてしまい、ガタンポの家族はてんでんばらばらになった。借金を抱えていたそうだ。最近、風の便りに、ガタンポのお袋が遠い黄泉《よみ》に旅立ったことを知った。あの二階建てのアパートもいまはもうない。
アニキ！　アニキ！
背の低い弟分が、坊主頭のヤクザ者を呼ぶ声が聞こえてきそうだ。

暗香の花

巣鴨の寺

尾崎家の墓・巣鴨

夕闇の月

真っ白な便器に朱塗りのような鮮血を吐いている伯父さんがいる。

尻からも血をまき散らし、ある一点を凝視しながら何ごとか囁いた。

「俺がなんでこうなるのか、わからない……」

そう呟いた。

伯父さんの名は尾崎重治。戦後の闇市の時代に「尾津な輪タク」の車夫だった。重治の弟の幸治、重治さんの伯父さんの清七、清七さんの兄の鉄蔵、みんな「光は新宿より」のスローガンを掲げた尾津喜之助率いる関東尾津組の組員だった。

＊

伯母さんが冷えきった病院の細長い廊下に佇んでいる。その横顔は何が始まったのかわけがわからず、視線は宙を彷徨《さまよ》っている。私が伯母さんの視界に入ると、

「……たっちゃん」

とだけ囁いた。

その後はしばらくの沈黙である。看護婦そして白衣の先生が慌ただしく通路を行き来している。院長さんが私と伯母さんの前に来た。

「奥さんですか」

伯母さんに確認をとる。

「出血が止まりません。心臓も弱ってきています」

大至急、手術をしなければならない。合併症も重なっている。望みは一〇パーセントしかないと院長は言った。

なにしろ腸が破裂しかけているらしい。

長い時間が経った。そして伯父さんは亡くなった。

常日ごろは物静かな伯父さんが、この日は壮絶に闘い、そして敗れてしまった。人は簡単に死んでゆくのだ。

＊

通夜の斎場に出向き、伯父さんの棺の前で手を合わせる。しばらく伯父さんの写真を眺めていると、どこからとも知れず花の香りが漂ってくる。

闇の中に漂う伯父さんの魂の香りかも知れない。

伯父さんの棺の前に、ひっそりと佇む何輪かの暗香《あんこう》の花がそこにあった。

若者考

若い衆・歌舞伎町

中村良三・親父の職業手帳

おいっ、待ちなぁ！ お前、俺にガンつけたかあ！ この、糞野郎！

戦後間もない現在の西武新宿駅前あたりの出来事である。
私の親父は若い頃、えらく人相が悪かった。眉が太くて眼がギョロッとしている。柔道をやっていたので体格もがっちりしている。
角張った顔の友達、曽根さんと歌舞伎町を歩いていて、難癖をつけられたらしい。
親父は無類の靴マニアだ。いまでも全然変わっていない。その日は新調の赤い革靴を履いていた。屯《たむろ》していた若いもんは、その赤い新調の靴が欲しかったらしい。相手は自分から名乗りをあげた。
「俺は尾津組の若いもんだ。
かかってこんかい！
おらっ！」
若いもんはヤッパを抜いてちらつかせる。
曽根さんは履いていた四角い下駄を片手に、すばやく相手の手許を叩いた。
「クソォ！ この野郎！」
若いもんは四人いた。しかし曽根さんは一撃のもとに倒してしまった。
親父はけっこう怖かったらしいが、相手の曽根さんが強かった。空手や拳闘などのかなりの遣い手だったらしい。若いもんも相手が悪かった。親父も怪我がなくてよかった。
曽根さんは普段からしょっちゅう喧嘩していたらしく、慣れていた。曽根さんは一流大学の学生さんであった。親父がまだ坊主頭の職工の頃の出来事である。

＊

私が小学五年生だったか、六年生だったか、隣の竹屋の正年と映画を観に行った。
田無には三軒の映画館があった。一軒が東映系、もう一軒が松竹系、そしてもう一軒がピンク映画、田無文化という映画館だった。後にこの小屋はストリップ劇場になってしまう。
その何年か後には潰れてしまうのだが、私はこの田無文化の前の道路を歩くのが好きだった。なぜかというと女の人の裸の看板がでかく掲げてあり、写真もたくさん飾ってあり、時々、踊り子さんとおぼしき女の人が下着姿で外にいることがあった。その場面に遭遇したときのうれしさといったら、まだ餓鬼の身であるが、それはうれしかった。

ませた餓鬼である。本当に――。

私と竹屋の正年はピンク映画館には入れないから東映の映画かなんか観た。何を観たかは憶えていない。

帰り際、やはり田無文化の方に足が向いてしまう。すると私たちより二つか三つ上の中学生くらいだったか、田無文化の女人の写真を食い入るように観ている二人の中学生がいた。

私と正年が通り過ぎようとしたところ、そのとき私は運良くピカピカに光る百円玉をひろった、が、

「オイ、お前ら待て」

やつらが寄ってきた。

「お前ら、いま俺らを見て笑っただろう」

私と正年は、首を横にブルブルと振る。

見てない、見てない、と表現しようとした。

しかし、だめだった。私たちはおとなしい小学生である。案の定、恐喝《カツアゲ》されてしまった。

「オイ、金出せ！」

私はピカピカの百円玉、正年、三十円出す。

「ケッ、これしかねえのか！」

それは当時の小遣いの相場である。二人とも貧乏だからしようがない。口惜しいといったらなかった。相手の一人は背は小さいのだが、なぜか度胸のありそうな、ものを恐れなさそうな奴だった。

私と正年はしぶしぶ家路についた。小遣いの百円は拾った百円玉ではあるが大きな損失である。

＊

私が愉しみにしていた映画館の田無文化は閉館になり、スーパーに替わった。その裏手に一人のヤクザ者がいた。

I組の若い衆だった。五分刈りの頭と小柄ではあるが目許の鋭い若い衆である。駅前のパチンコ屋に日参していた。

いらっしゃい、いらしゃい！　ただいま三十六番打ち止めです。

ジャラジャラ、ガチャガチャ。

小柄の若い衆が自転車に乗り、パチンコに行く姿をよ

く見掛けた。
何年か経って、女房を娶《めと》ったらしくその女性と仲よく歩いていた。まだ二十代だろう。そして女房は妊娠。腹がでかかった。パンパンであった。
しばらくすると小柄の若い衆の姿がみえなくなった。
I組の解散、組長の引退であった。

＊

なんとか写真業で生業《なりわい》できそうな二十代始めの頃、青梅街道沿いのバス停でのことだ。
バスが来るのを待ちながら古びたベンチに座っていた。私の前を一台の自転車が通り過ぎた。
白髪の男が乗っていた。小柄だが、大きく股を開いてペダルを漕いでいる。
こちらを向いた。ニヤッと笑う。
奴である。ニヤッと笑った口許には前歯がぜんぜん無かった。百円玉をとられた田無文化の奴である。あの解散したI組の若い衆だった。女房が妊娠した後はさっぱり見掛けなかった。
まだ極道をやっているのか。

すっかり白髪になっていた。右往左往を繰り返す極道生活だったのだろう。可愛い子どもは生まれたのだろうか。

＊

「たっちゃん、久しぶりだなあ。
生きてたのか。
死んだんじゃねえかと思ったぜ。
最近まったく見掛けねえもんなあ」
前歯が折れて歯がスカスカの竜二である。
歯が折れているのは喧嘩三昧の勲章か、年齢は三十過ぎ、まだ若い衆である。
ヤクザの世界は年齢はまったく関係がない。若造だろうが年寄りだろうが、偉くなればいいのである。
年老いた組員が若い衆に叱咤される姿を私は何度も見ている。当たり前のことなのである。組織の上部に位置しなければ、これほど天国と地獄の差がある世界はない。絶対服従の世界なのである。
しかし、親と子、兄と弟、いわゆる情の世界においては実の家族以上に「絆《きずな》」は強大である。堅気でも知っていることだが、その場面を目の当たりにするとここにもまた、ある人たちの凄絶な闘いがあると痛感する。

歌舞伎町の路上で竜二と出合う。

「たっちゃん、何やってんのよ。

俺、いまムショからの帰りだよ。

これから風呂に行くんだ」

何年かの務めの帰りだった。竜二はサンダル履きで首にタオルを巻いてスタスタと歩いて行った。それほど遠くない先に、竜二も組織の幹部に成長するだろう、きっと——。

*

そう言えばこのあいだ新宿の曙町あたりを歩いていたら、私の前から五十過ぎの中年男が歩いてきた。小柄ではあるがかなり悪そうな不良中年といった感じである。その日私は赤い革ジャンに黒のとっくりのセーター、黒のズボン姿、首には相変わらず重いカメラをさげていた。

その男はなぜか私に向かって突進してきた。両隣りに人がいたので避けられず、正面衝突である。

ドーンと私は後ろに退いた。

不良中年は明らかに肩で私の胸を抉るようにぶつかってきた。私が赤い革ジャンに黒のいでたちなので闘牛士のように思ったのか、牛のようにぶつかってきた。

私はムッとした。振り向きざま、ぶらさげているカメラで殴ってやろうかと思ったが、その不良中年はアッという間に行ってしまった。

ヤクザでもない堅気でもない、わけのわからない奴が本当に多い。コンピューターで動く世の中、ストレスも溜まっているのだろう。

親父が戦後間もない西武新宿駅でガンをつけられたときの曽根さんのことを思い出した。

あれから時はだいぶ過ぎたのである。

極道の死と極道の妻

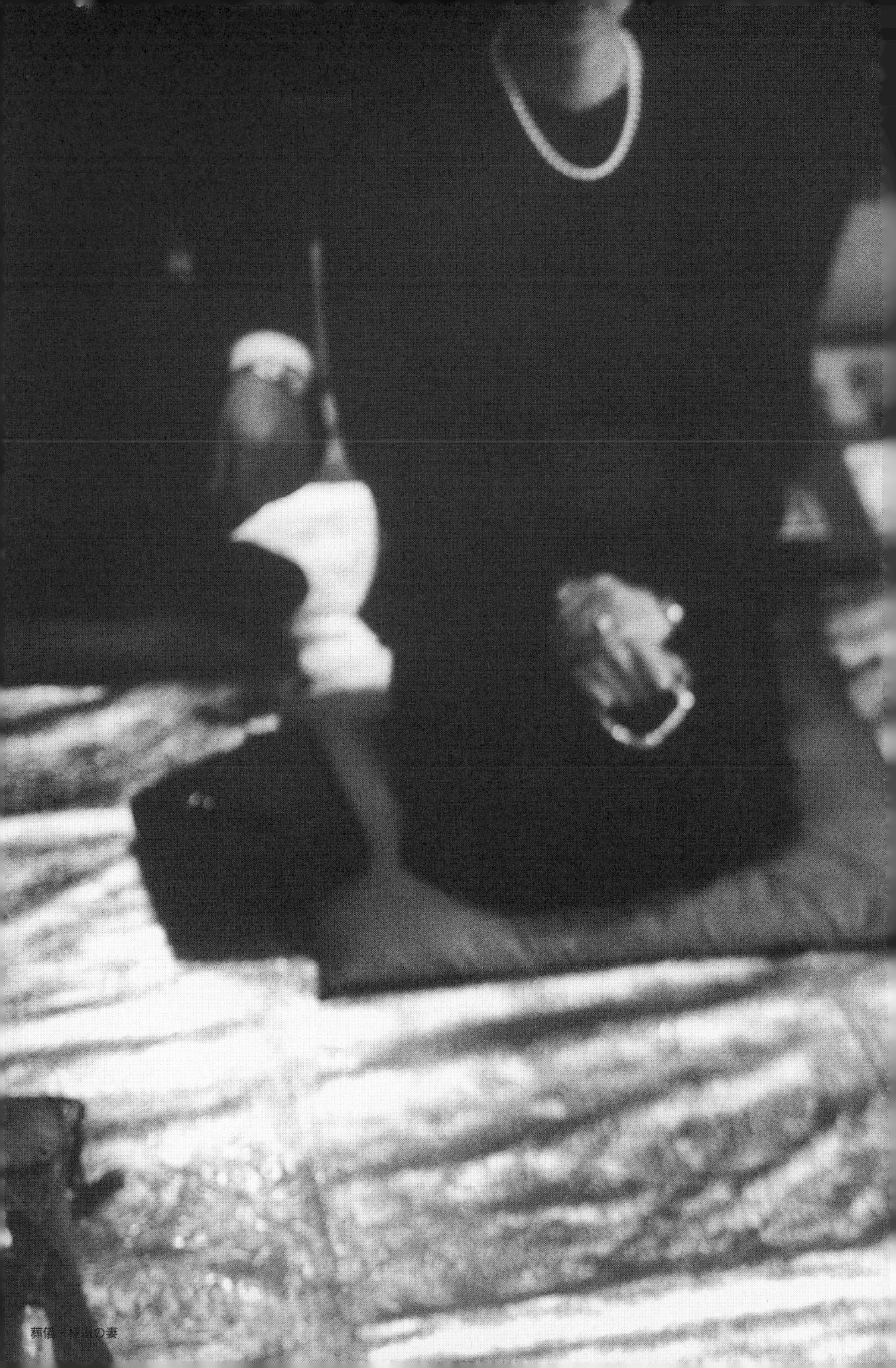
葬儀・極道の妻

太陽が真上にあり、人の影が真下になる真っ昼間に葬儀は始まった。

中堅幹部が病に倒れた。遺されたのは、妻、母、中学生の男の子、そして生まれたばかりの赤ん坊である。

葬儀の準備はことごとく進み、妻は亡き夫の霊前に座っている。

私はしばらくその光景を見ていた。

ふっと、思った。誰もが赤ん坊で生まれ、やがてやってくる死に向かって時を刻んでゆく。当たり前のことであるが、早いか遅いかただそれだけのことである。

私は妻の背後からシャッターを押した。

カシャー、カシャー。

何度か押し続ける。不謹慎ではあるが、中堅幹部の妻の後ろ姿は幻覚を見るように美しく、黒い喪服が細い身体をやさしく包んでいた。

隣にいたゴリラのような若い衆が私の方を見てニヤッと笑っていた。私もニヤッと向き返した。不謹慎である。

遺体との別れ際、妻は亡き夫の顔を撫でている。後ろには赤ん坊を背負った小さなお母さんがおられた。合掌。

映画で観るような極道の妻ではない。ごく普通の家族である。

ヤクザ者も堅気も死んでしまえば同じだ。現在では警察の取締りが厳しく葬儀はなかなかできない。しかし、かつては葬儀となると出向いてよく写真を撮り歩いた。若くして亡くなる方が本当に多かった。

葬儀屋さんともよく出合った。何回か出合うので顔見知りになってしまう。目の周りを真っ黒にして、疲れなのか、商売慣れなのか、顔が仏様みたいだった。

失礼――。

「オウ、どうも」

「忙しいねえ、写真屋さん」

なんて言いながら、しかしお互い忙しいということははっきり言って不謹慎である。葬儀屋さんが忙しいということは死人がたくさん出るということだから、忙しいねえなんて言葉はいま思えば禁句であった。

＊

遺体は焼き場に回された。何時間か過ぎ、ぞろぞろと皆さんが焼き場に集まる。

焼き場の人がひと言、この方は喉仏が立派でした、と

言っていた。私は少しためらったが何枚か写真を撮った。亡くなった中堅幹部の遺骨を、

カシャー、カシャー。

傍らで通称、池袋の風雲児Mさんが、

「たっちゃん、骨だけは撮ってくれんなよ。なあ、おい。骨だけはよう、おい」

と囁いていた。

Mさんの怖い顔がやさしくなっている。だが、あと数枚、私は撮っていた。私は写真屋であった。

葬儀も終わりに近づき、幹部の挨拶で締めくくりになる。

あれからはや十数年が経つ。時間が過ぎ去るのが早い。あのときまだ中学生であった息子はどうしているのやら、今では二十歳過ぎになっているのではないだろうか。父親の後を継いでいるのではないか、気掛かりである。

帰り際、真っ黒な人影もだいぶ斜めに傾いていた。

＊

博徒、テキ屋という名の極道の人たちと、写真を媒介にして関わりだして三十年近くになる。長い時の間、親分子分に限らず多くの極道が亡くなった。抗争で死ぬ者、病で倒れる者、また、会葬・密葬・本葬で葬られる人、ひっそりと荼毘《だび》に伏される人、ずいぶんと多くの極道が世を去ってしまった。

＊

十数年も前になるが、ある組織の幹部であり、何代目かを継承した親分がいた。義理場などで顔をよく合わせた。私の顔を見つけると、

「てめえ、なんだ。ぶっ殺したる。ふざけんなよ、お前」

と必ずそう言われた。

私は相当嫌われていたらしく、親分にとっては私と性が合わないのだろうか、親分に何か失礼があったのか、毎度考えさせられた。

何年か過ぎ、親分は杖を頼りに歩く姿が目立つようになった。片足を引きずるように、重たそうに歩く。髪の色も白髪がひときわ目立った。

私の顔を見つけると相変わらず両の目の間に縦皺をつくり、鋭い視線を私に放つ。しかし、身体はだいぶ衰弱しているようで、かなり痩せていた。

＊

秋頃だったか、大きな義理場があった。私は撮影に出向いた。やはりあの親分に出合う。義理場は混雑しているのだが、寺の脇で親分が私を呼んだ。
何か怒られるのかと戦々兢々としたが、親分の眉間に縦皺はなかった。開口一番、
「オウ、ご苦労さん。
ありがとう。なあ、元気でやってくれい」
と言われた。
長い間私は親分の憎まれ役ではなかったらしい。
ちょっと肩透かしではあった。
親分との対面はそのときが最後となった。
白髪まじりのパンチパーマで、杖をついて片足を引きずりながら一歩一歩あるく親分の姿を見たのは、それが最後であった。

葬儀・献花

葬儀・別れ

葬儀・親分が灰になる

葬儀・斎場にて

畑の中の刺青師

東野商店

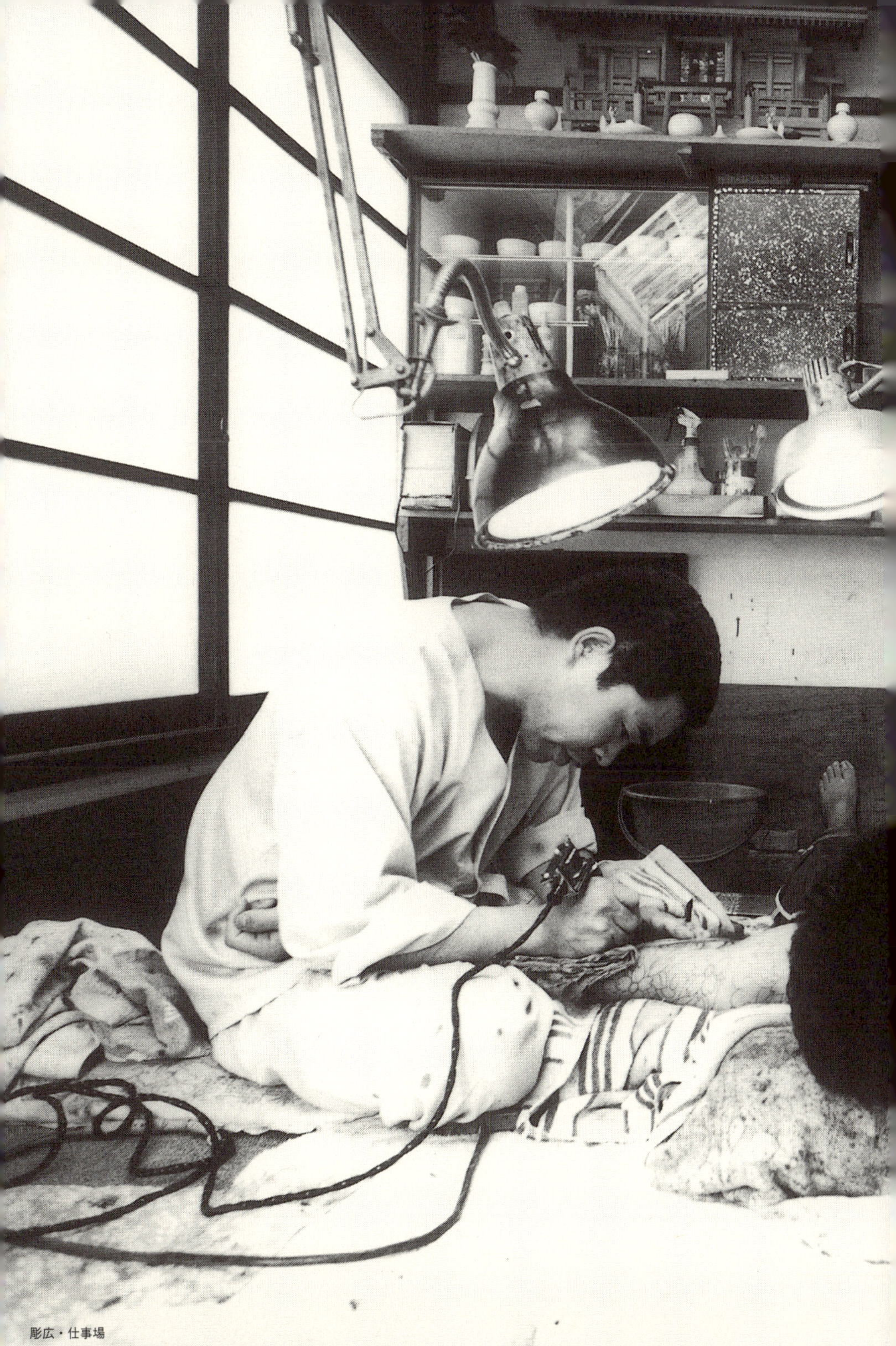

彫広・仕事場

でっぷりとした中堅のヤクザ者と数人の若い衆、それにチャラチャラとした私。

ギラギラとした紫色の光が肌を刺す午後の時である。キャベツ畑か何畑か忘れたが、畑の真ん中の一本道を私たちは歩いている。暑さのせいか、風景が陽炎《かげろう》のように見えてしまう。

黒のダボシャツと雪駄姿、五分刈りの頭と岩石のような後ろ姿の小太りのヤクザ者は、江戸時代から続いている由緒ある博徒一家のヤクザである。何人かの若い衆がいたが、さあこれからといった中堅のヤクザだった。

でっぷりとした中堅のヤクザと若い衆が一列に並び、畑の真ん中をのしのしと歩く。私もヤクザになったつもりでその後をのこのこと歩く。

変な光景である。これから行く先は、刺青を入れる彫り師のところだ。

＊

私が二十歳《はたち》そこそこのときである。私は人間が軽いというのか、あろうことかこのでっぷりとした中堅のヤクザに安請け合いしてしまった。

飲み屋で隣り合わせになり、ヤクザの親分と知って、彫り物を撮らせてくれませんかと頼んだようである。

怖いもの知らずとはこのことである。まったく困ったもんである。まだ写真の仕事を始めたばかりの私としては、絶好の被写体であった。

＊

でっぷりとした中堅のヤクザからの電話だった。

「中村さん、用意するからこちらへ来いや。悪いんだが〝一彫り代〟用意してくれないか、申し訳ないが」

そういう電話だった。

一彫り、一彫り。

そうか、一彫りとは墨を一彫り入れることなんだ。私は最初、何を言ってるんだかよくわからなかった。一彫り代は数万円するようだ。

当時の私は収入の少ない貧乏カメラマンである。一彫り代集めるのに大変苦労してしまった。しかし結果は、私がヤクザ者に関わる記念すべきワンショットになったのである。

＊

畑の真ん中を歩き、彫り師の仕事場にたどり着く。木彫りの表看板を眺め、彫り師の方に挨拶を済ませる。初代小沸流彫広という彫り師の仕事場であった。

若い衆が上着を脱ぎ、用意をする。静かな緊張感が漂う。

墨を入れるには、手彫りと電気彫りがある。ノミのような手刀で、ズコ、ズコと肌に墨を入れる。一彫り入れてはタオルで拭く。その繰り返しである。電気彫りも同様だ。あちら西洋では刺青は魔除けの風習だそうだ。

墨を入れた当日は相当というか、やっぱり痛いらしい。親にもらった肌にもうひと皮、墨の肌を重ねるのである。それくらいはしようがないだろう。

でも痛そうだ、やっぱり。

＊

私がでっぷりとした中堅のヤクザと出合った飲み屋は、戦後グリーンパークという米軍が駐留していた跡地に残って出来たスナックであった。最初はママが営業していたらしく、客は外人ばかりだったらしい。その後、天然パーマのマスターが後を引き継いだ。私の青春時代の少しはこのスナックが舞台になることになる。

変わった客がずいぶんいた。ある夜のこと、私は毎度金もないのに入り浸り、酒をかっ喰らっていた。ドアが開き、角刈りのヤクザ風の男が入ってきた。席に着くと冷や酒を注文し、クッと一息に飲む。見事な飲みっぷりである。

そして隣にいる私にひと言、

「あんた、今日はコレだよ」

コレだと言いつつ、懐から白い布を巻いたドスを出した。

血は着いていないがびっくりした。

一遍に酔いは醒めた。ヤクザ風の男は何を喋っているのかよくわからなかったが、シャブでもやっていたのか。今日オレはコレだ……モゴモゴ、と何か喋っていた。物騒な人がいるもんである。

後でマスターに聞いてみるとその人は板前であった。ドスを懐に板前修業の身なのであろう。

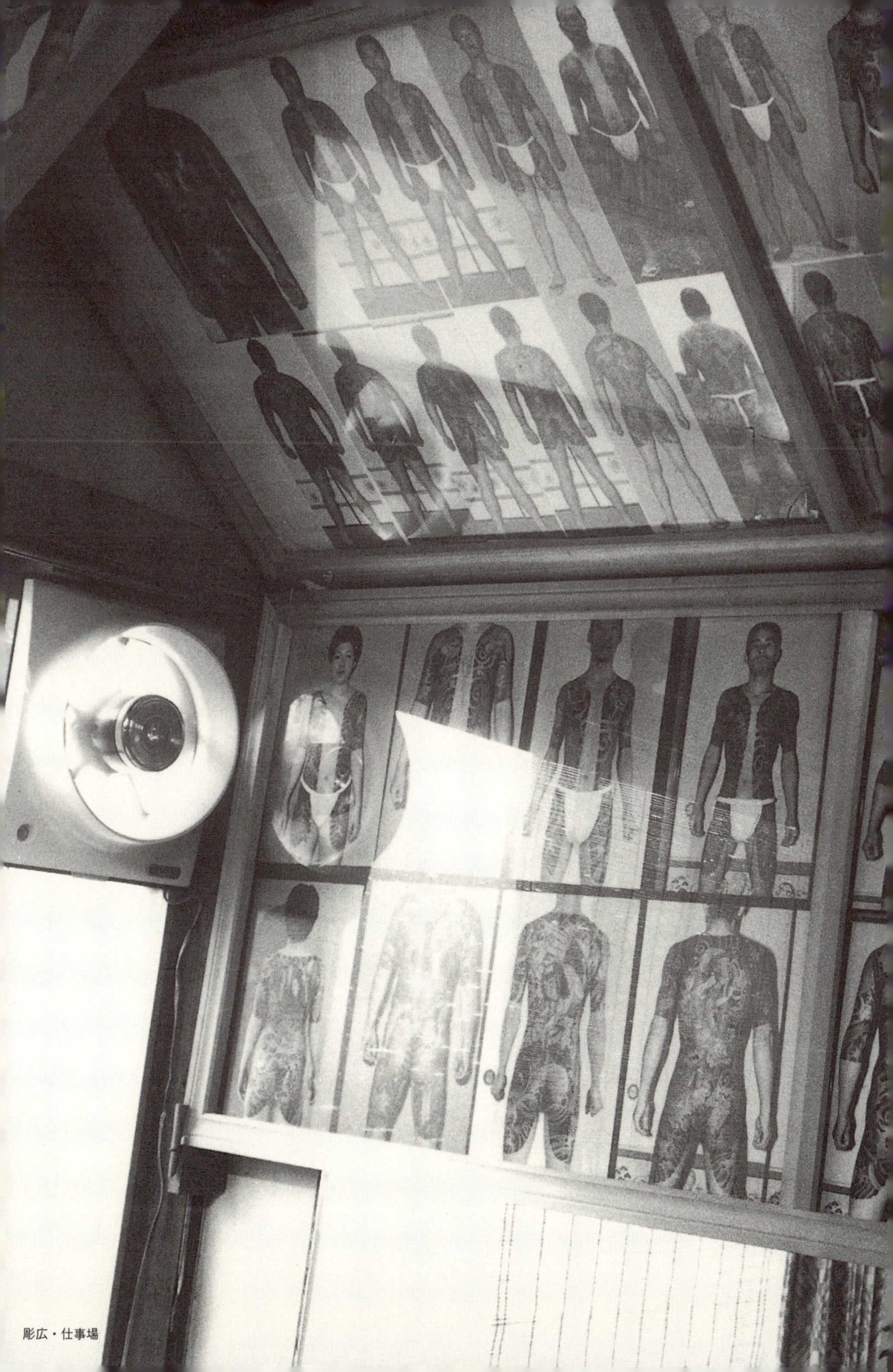

彫広・仕事場

＊

記念すべきヤクザの写真を撮ったのち、でっぷりとした中堅ヤクザとは会っていない。若い衆も偉くなったかどうかまったくわからない。

畑の中の一本道を、のかのかと一列に歩いた姿。苦笑しながら思い浮かべる今日この頃である。

組員の背中

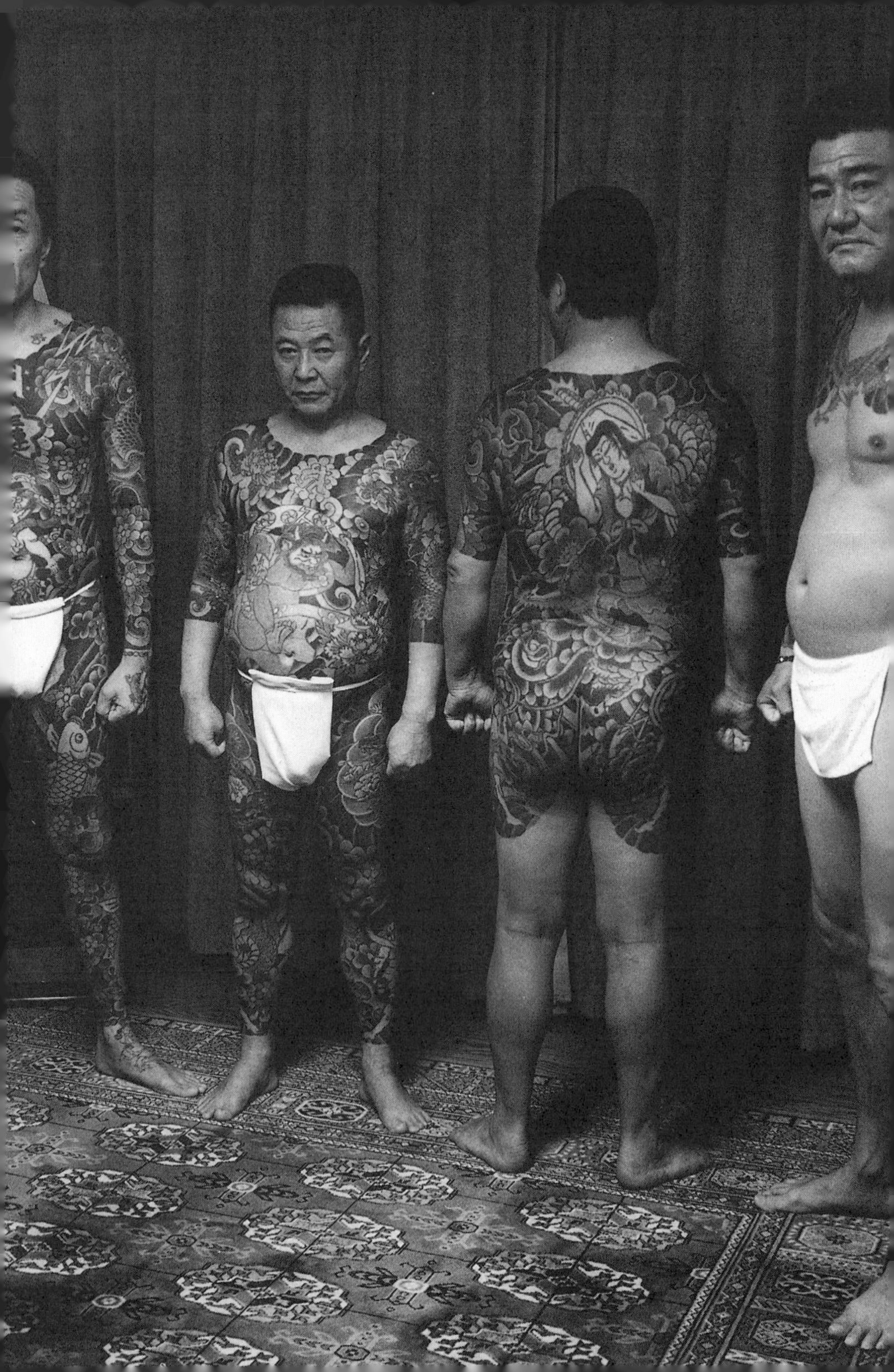

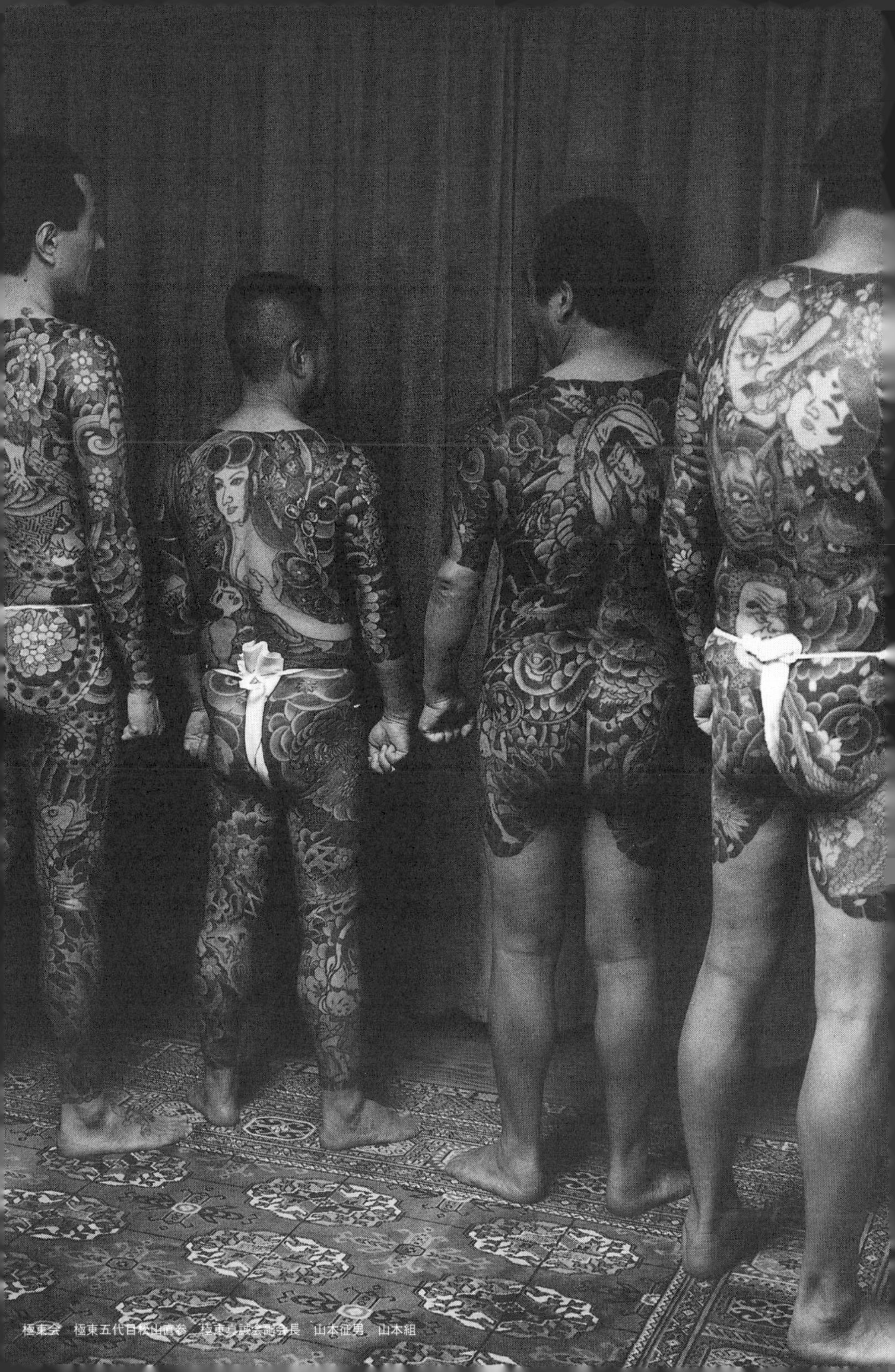

極東会　極東五代目松山直参　極東真誠会副会長　山本征男　山本組

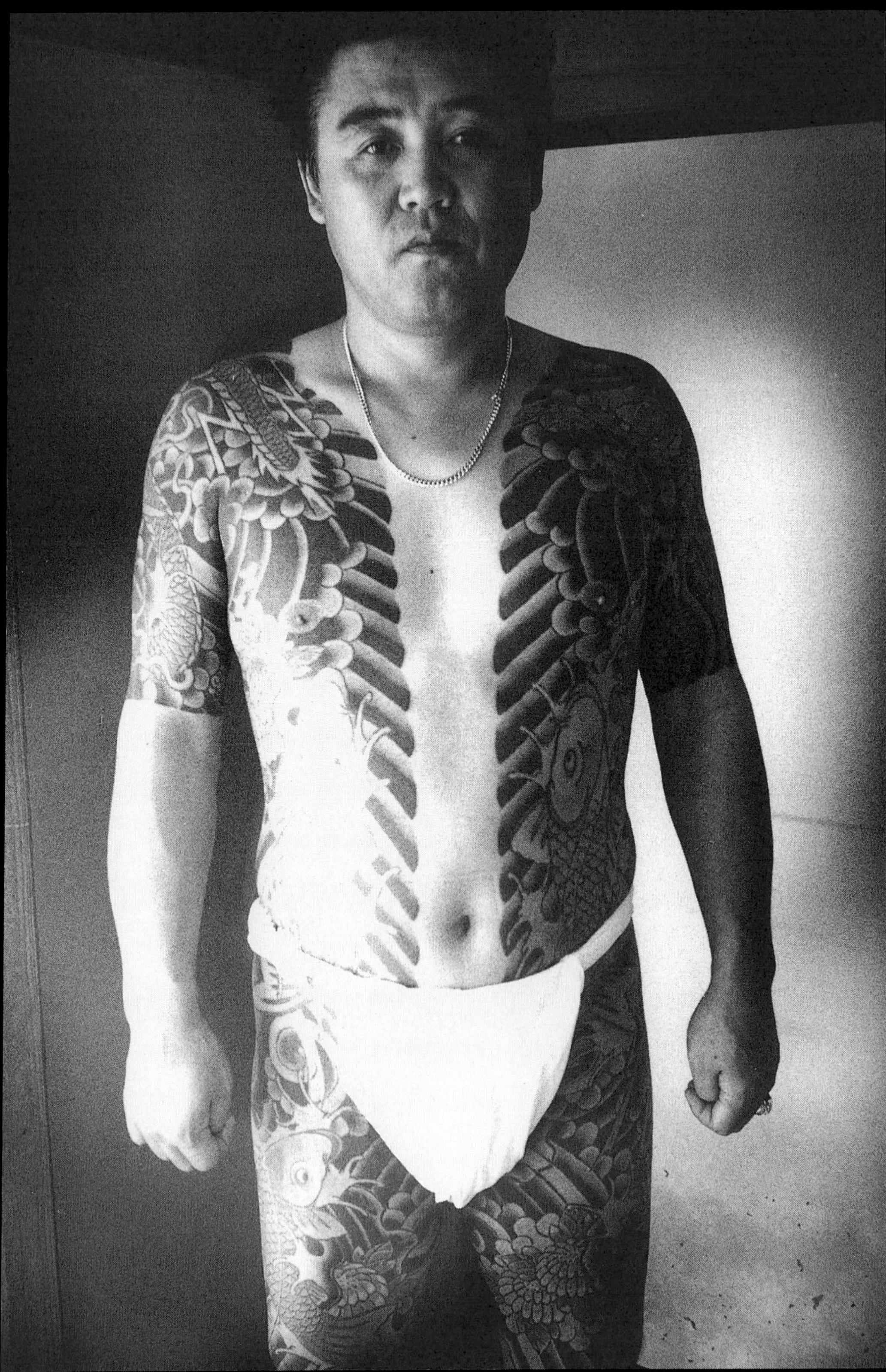

極東会副会長　極東眞誠会副会長　依田良男

浅草・浅草寺

浅草・隅田川

浅草の優しい総長と怖い兄哥《あにき》

松葉会出羽一家五代目総長　橋本時雄

「オイ、お前、何やってんだ」

部屋の片隅からヤクザ風の男が私に向かって突進してきた。

三十数年前の浅草、花屋敷裏の囲碁将棋会館前でのことである。

十七歳の私はニコンFというカメラを持ち、会館前の硝子戸からレンズを向け、その場にいる人々を撮ろうとしていた（ちなみに囲碁将棋会館は区画整理のためなくなった）。

「てめえ！　何やってんだ」

と言いながらカメラのフイルムを抜かれてしまった。十代の若造である私としてはけっこうビビってしまった。

それから二十数年、この浅草、花屋敷裏の関東でも名門中の名門である博徒一家、松葉会出羽家一家五代目総長・橋本時雄さんに会えるとは思ってもみなかった。

将棋会館前でフイルムを抜いたヤクザ風の男は出羽家の若い衆だったかも知れない。浅草寺の観音様、仲見世、取り壊す前の国際劇場周辺一帯は出羽家の縄張りである。

小さい頃、花屋敷のジェットコースターに乗り、真っ青になって死ぬ思いをしたことがあった。半ズボンの脇からたらたらと小水が漏れていた。ジェットコースターはもうこりごりである。

私の祖母は本郷生まれのチャキチャキの江戸っ子である（また身内の話になってしまうが勘弁してください）。プーンと独特の臭いを放つあのくさやを惣菜《おかず》にお茶漬けをさらさらと旨そうに食べる。外でしこたま酒を飲み、近所のおじさんに背負われながら騒いでいたこともあった。普段は背筋をピーンと伸ばし、女であるが喧嘩の強い婆さんだ。人情にも篤く、近所のおかみさん連中の親分格として君臨していた。

出羽家の橋本総長にお会いしたとき、顔を見て驚いた。私の祖母の顔と総長の顔がたいへんよく似ていた。

橋本五代目総長の前に立ち、挨拶する。

「総長、今日の撮影宜しくお願いします」

橋本総長の顔を見る。ムムー、やっぱり私のおばあさんだ。ムムー、よく似ている。

橋本総長も背筋がピーンとし、そして歩くのが早い。どんどん先に歩く。また、歩く。私が撮影したい場所を言うか言わないうちに総長はそこに立ち、そして待っている。

階段を降り、今度は近くの喫茶店で総長は待っていた。そこには見事な盆栽が幾つか置かれている。

毎日丹精込めて育てているのか、そこにいる橋本総長は幸せそうであった。

スペースは僅かしかない喫茶店ではあるが、総長の愛情が滲み出ている「気」が感じられた。

ハッとカメラから視線をはずすともう、総長はその場にいない。どこへ、どこへ総長は行かれたか――。

出羽家の総長、橋本五代目はど、どこに――。

横の道を曲がり、バラック小屋のような店の前を歩いていた。片手にコートを持ち、私のカメラに向かって歩いてくるではないか。相変わらず早足である。

ピントを合わせるうちにファインダーから消えてしまう。お互い駆け足である。私の思うアングル・ショットを我れ先に実践してくれている。

そして、そのままコートを片手に事務所に帰ってしまった。アッという間の撮影であった。

だがなぜか、私は気分が爽快であった。

その日は出羽一家の幹部会の日でもあった。松葉会の幹部も何人かいらしていた。喫茶店の奥で、私と総長の駆け足のような撮影風景をコーヒーを飲みながら苦笑いをして見ていた。

＊

関東の各組織の親分衆が集う会が一年に一度だけ催される。食事会と称される会でのときだ。

「あんたあ！　なんでここにいるんだい。仕事で来てンのか」

出羽家の総長、橋本さんは元気であった。

私は総長にそう聞かれたが、なんて言っていいのやら返答に困ってしまった。

「久しぶりです、総長」

お元気ですか、というのが精一杯である。

あの囲碁将棋会館も今はない。

東京は変化しているというか、人々は古いものを随分と破壊している。

何日か前のことだが、北の空から東南の空に向かって雷が流れ落ちていった。夏から秋にかけては必ず雷が鳴るものだが、

ガガガッー、バリバリッー。

物凄い雷鳴だった。長い尾を引いて響いていった。風水でいう龍神の鳴き声である。
不吉な前兆だ。テレビを映してみる。
台湾大地震だ。台湾坊主が発生したわけではない。地球の振り子が少しずつ狂っているのかも知れない。
浅草も空襲と関東大震災で破壊されてきた街である。だが浅草寺の観音様は、火災にも焼け出されずそのまま残ったそうである。観音様は火を寄せつけなかったのだ。たまには浅草の観音様を見に出歩いてみるか。
あのとき仲見世を駆け足で歩き回った橋本の親分も亡くなってしまったが、出羽家五代目の盆栽はまだあるのだろうか。
浅草に行こう。
人の温もりを感じ、人恋しくなったら、浅草に行こう。そして盆栽に会いに行こう。
極上の一片の風景を見るように、あの笑顔に会いに行こう。

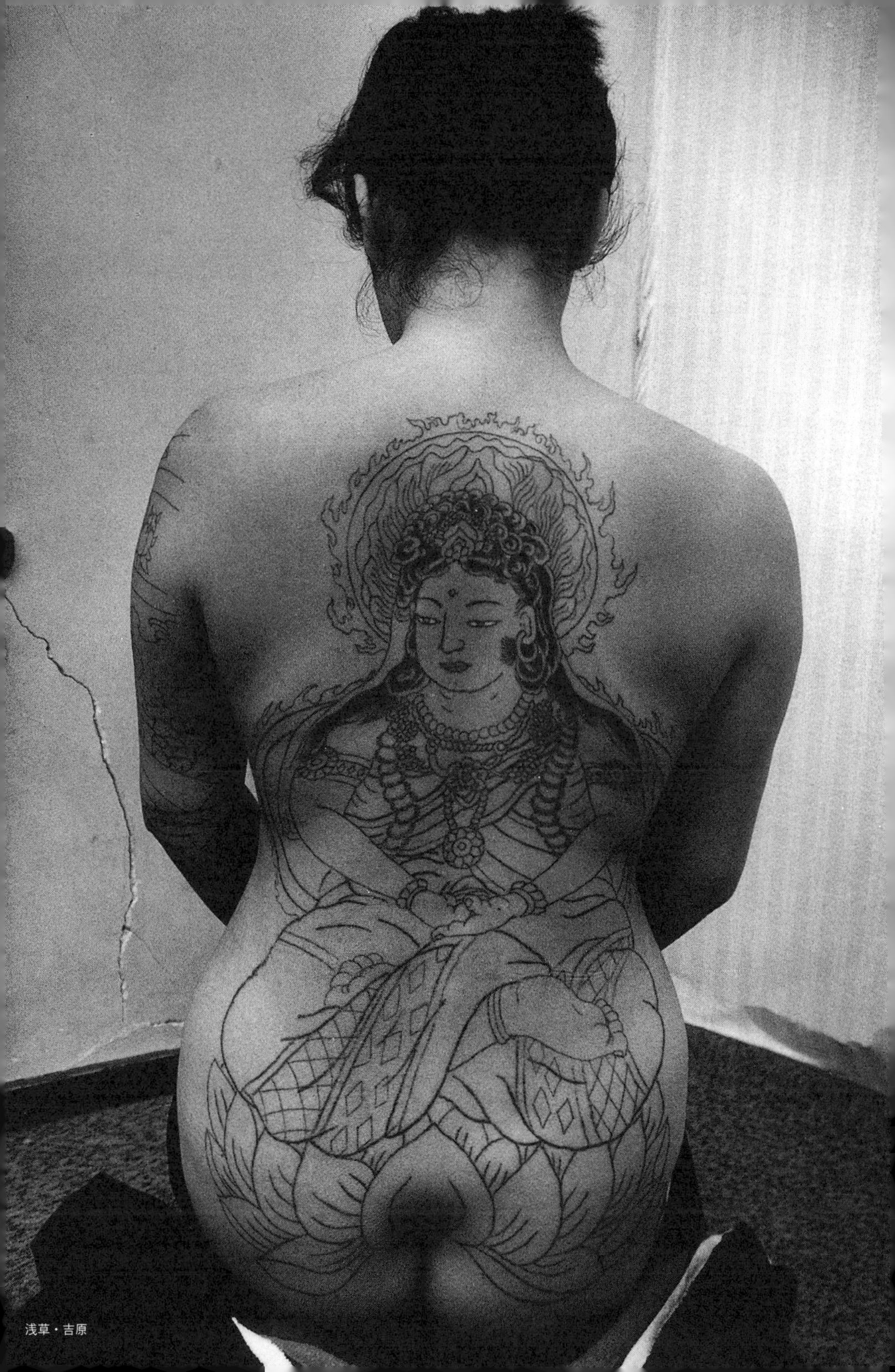

浅草・吉原

稲川会代表専務理事　八代目堀井一家総長補佐　松本隆

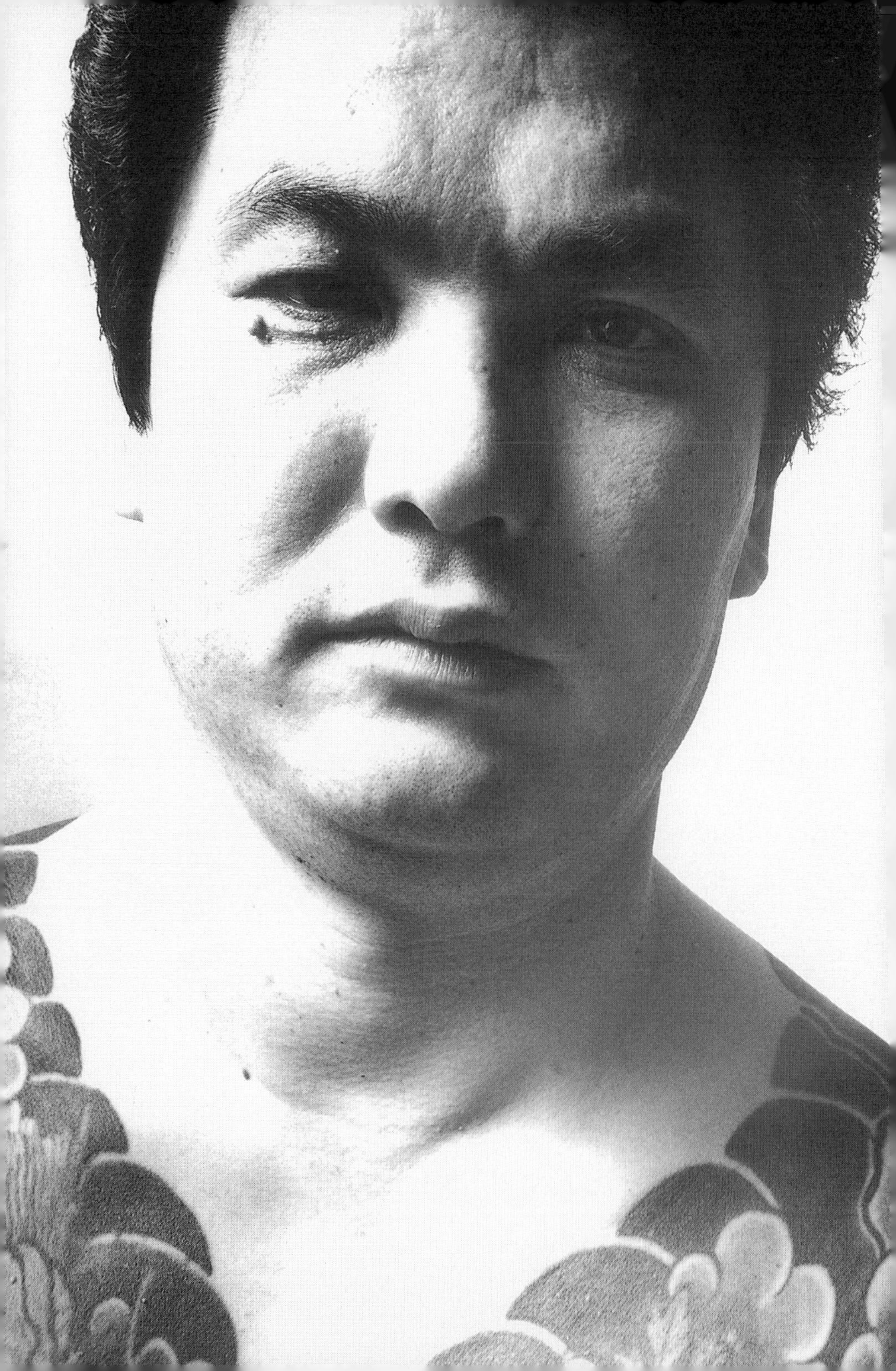

最後の事始め

極東会副会長三代目桜成会総長

富岡忠男

車中

最終電車

夕闇の山々

一家名乗りの親分たち

コンパニオンたち

宴会

宴

宴会場の支度

若い組員たち

脳味噌から身体の中心を通り手足の爪先までが妙に冷える十二月の冬の日であった。

懐具合もまったくお寒いが、ひょっとして雪でも降るのかも知れない。

東京から特急電車に乗り、ある地方のホテルに向かう。駅弁とお茶で腹ごしらえだ。二時間ほど過ぎた頃か、窓越しには圧倒されるような夕闇の山並みと田畑が広がる。雪はまだ降りだしていない。

雪といえば、何年か前に京都へ行く仕事が入った。新幹線で京都に向かう。あのときも最終の新幹線であった。途中米原あたりか、物凄い大雪である。真っ黒な闇に白い雪、壮観というのか、壮絶というのか、あの闇の中に引き込まれようものなら、人という生き物などひとたまりもないだろう。

目的の駅に着く。やはり寒い。ホテルに直行しよう。

ロビーには組織の幹部、組員のほとんどがいた。総帥はまだのようである。ロビーは黒い集団で埋まっていた。

「たっちゃん、元気か！」

「アンタも老けたなあ」

「まあ、歳相応ってとこか」

到着するやいなや、幹部の面々にそう言われてしまった。格好《ナリ》の若さではもう通用しない年齢になったということだ。宴会まではまだ時間がある。少し休もう――。

「オイ！　お前ら、ぐだぐだしてんじゃねえ！　速やかに席に着け！」

事務局長の叱咤が館内にこだまする。ぐだぐだしていた若い組員たちはサアッと整列し、静かに席に着く。

見事なものだった。事務局長の一声も迫力があったが、組員の反応も早かった。

激昂のひと言の後、事務局長は怒った顔からニヤッと笑顔になる。

ハイ、その調子でなあ。お前たち、やれば出来るでしょう、ネェ。

ハイ、その調子でなあ。

とニヤッと笑っていた。傍らで見ていた私は唖然としてしまった。見事なもんである。

いよいよ事始めの始まりだ。食事の膳の先にはステージが設けてある。そのステージ、カーテンの後ろに椅子に座った一人の部がいた。他の幹部たちが用意した椅子だった。
その人の名は、極東会副会長、三代目桜成会総長富岡忠男氏である。
何ヵ月か前に、富岡総長は肝臓がんを宣告されていたはずだ。一点をじっと見つめ、微動だにせずに座っている。昭和三十年代半ば、十六歳で北海道から上京し、極道の道を歩むことになった人だ。
人生は果てしなく通り過ぎる。有無をも言わせぬうちに過ぎていく。じっと見つめたその一点、富岡総長はそのときいったい何を考え、何を思っていたのだろう。
富岡総長とは亡くなる数ヵ月前、義理場で何回かお会いした。
もともと寡黙な人である。余計なことは喋らない。
何かじっと、我が身に迫る〝どえらいもの〟と闘っていたのだろう。その後ろ姿、横顔からは息を殺す光景が感じられた。
若い組員たちを見る富岡総長の顔は少し寂しそうであった。走馬灯のように過ぎ去っていく我が人生を、若い組員に重ね合わせていたのか。アラブの王様か、石油王のような風貌をした富岡総長である。
毎年の事始めには必ず何人かの親分が生まれる。新しい人生の門出である盃事だ。
たっちゃん、と、富岡総長が私の姿に気づいた。
「気楽にやろうや、なあ、たっちゃん」
と声を掛けてくれた。
私もこっくりとうなずいた。
そしてまた、富岡総長は遠い一点を静かに見つめた。
平成四年五月二十一日、肝臓がんのため富岡総長は死去した。享年四十九であった。
あまりにも短い生涯である。いまの私とほとんど変わらない年齢なのだ。
あの真っ暗な闇の中に富岡総長は紛れ込んでいってしまったのか。合掌。

＊

総師の挨拶が始まった。
「みんな、元気でやっていますか！」
快活な総師の声が響きわたっていく。
極東会副会長三代目桜成会総長、富岡忠男氏、最後の事始めであった。

居並ぶ組員

極東会副会長三代目桜成会総長　極真会　富岡忠男

極東会五代目松山直参　極東真誠会執行部　棚木清巳

新宿にて

極東会五代目松山直参　極東[illegible]誠会執行部　棚木清日

ご案内

木村親分と鮭と御飯

極東会関口一家分家仲三代目　木村覚心

親分の作ったご飯・赤羽

ギイ、コラ、ギイ、コラ。我が愛する自転車で最寄りの駅に向かう。

自転車というのは便利である。どこへでも容赦なく行ける。風を感じ、人々を見る。犬がまとわりつく。景色を楽しむ。たまに電信柱なんかにぶつかることがある。これは気をつけたほうがよい。はっきり言って危ない。

線路沿いを走り、細い路地に出くわした。真ん前に救急車がでーんと、どうしたのか細い路地なので先に進めない。しばらく待機するしかない。

救急隊の隊員が何か話していた。

「オイ、遺書があっただろう」

救急隊の上司というのか、隊長というのか、まあ偉い人が部下に聞いていた。

お年寄りか、若い人か、はたまた人生に絶望した中年のオトウサンか、私はカメラをぶらさげながら、なぜかブルーな気分になった。

さあ、先を急ごう。

今日は赤羽に立ち寄ってみようと思った。赤羽というと、埼玉と東京の境に位置する街である。だいぶ前になるが、極東会関口初代分家仲三代目、木村覚心さんの事務所がこちらにあったのだ。

＊

「じゃあ皆さん、こちらに目線をください」

木村の親分を中心に集合写真を撮るつもりだった。

「うーむ、なかなか決まってますねえ！　ではまいります」

何枚か撮ったつもりである。さて、フイルムを巻き戻すか、と——。

な、なんとフイルムが入っていなかった。

カメラにフイルムが、入っていない。

な、なんと言うことか。

皆さんはバラバラに席に戻っていった。

す、すいません、な、なんと言おうか。

「もう一度、お写真を撮りたいんですが……」

と、私は焦る気持ちを抑えつつ言い放った。

二度目のお願いはヤクザ者には通用しないのである。

だが、

「写真屋さん、そうだろう。さっきよう、フイルム抜いていたじゃあねえか、オレはわかってたんだ!」
側近がそう言った。
たしかに空のカメラでどうして撮るのか、皆さん不思議に思われたのか、大笑いされてしまった。木村の親分も柔和な顔であるが、しょうがねえ奴だなあという気分であっただろう。
二度目のお願いも無事にすみ(あまり無事ではなかったが)、撮影はなんとか終わった。
さあインタビューに移ろう。ちょっと窓際に目をやった。食事の支度がしてあるではないか。
美味しそうな鮭である。漬け物もある。私の好きな梅干しもある。お茶、煮物もあるではないか。
「親分、これは――」
「おう、それはうちの若い衆のために毎度用意しておくんだよ。いつでも飯を喰えるようになあ。若い衆は腹っぺらしだからなあ、オレも作るんだよ。今日の鮭なんかオレが焼いたもんなんだ」
ハッハッハッと笑っていた。
美味しそうな御飯である。組の事務所に手作りの膳がおいてあるのも、まあ珍しい。それも親分みずからが作った膳である。ちょっとご馳走になりたかった。今思えば、である。
秋晴れの清々しい日だった。

*

ある地方の組織の継承盃があった。久しぶりに木村親分に会った。
「中村さん、〝あの時の写真〟くれないか」
と言われた。
〝あの時の写真〟、さてどの写真か。私は親分にどの時の写真か聞かずに生返事で、はい、わかりましたと言い返してしまった。
まさか、空のカメラで撮った写真のことか、私の脳裡を過ぎ去った。
私の脳も空であるが、とうとう〝あの時〟の写真は木村の親分には渡せなかった。
木村の親分は平成六年に肝臓がんで死去した。ポマードでビシッとヘアースタイルを決め、真っ白なスーツにエナメルの靴、やけに脚の長い木村の親分は今はない。

〝あの時の写真はいまだに〟〝どの時の写真〟かわからずじまいで、木村の親分には渡せずじまいになってしまった。

赤羽からの帰りも、最寄りの駅から我が愛する自転車で、ギイ、コラ、ギイ、コラと走る。あの細い路地の遺書を残したお年寄りか、若い人か、中年男か、誰だかわからないが、命だけは取り留めてもらいたいものだ。

しかし、ママチャリのペダル漕ぎは疲れる。私ももう五十歳である。

いやあ、まだ五十歳か。

もうどうでもいい——。

極東会会長補佐　関口初代分家仲三代目　木村覚心

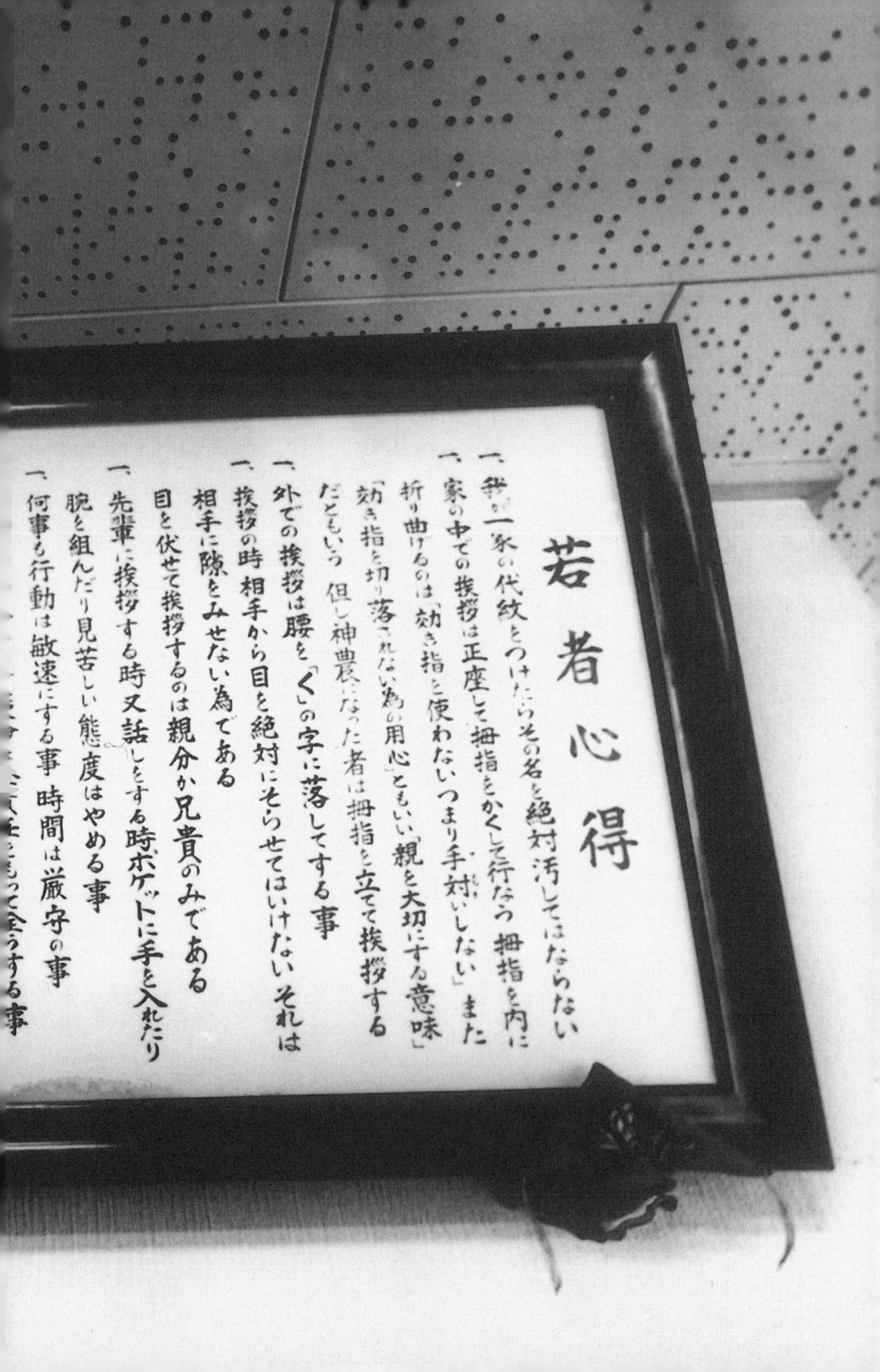
若者心得
一、我が一家の代紋をつけたらその名を絶対汚してはならない
一、家の中での挨拶は正座して拇指をかくして行なう 拇指を内に
折り曲げるのは「効き指を使わないつまり手対いしない」 また
「効き指を切り落されない為の用心」ともいい「親を大切にする意味」
だともいう 但し神農になった者は拇指を立てて挨拶する
一、外での挨拶は腰を「く」の字に落してする事
挨拶の時相手から目を絶対にそらせてはいけない それは
相手に隙をみせない為である
一、目を伏せて挨拶するのは親分か兄貴のみである
一、先輩に挨拶する時又話しをする時ポケットに手を入れたり
腕を組んだり見苦しい態度はやめる事
一、何事も行動は敏速にする事 時間は厳守の事

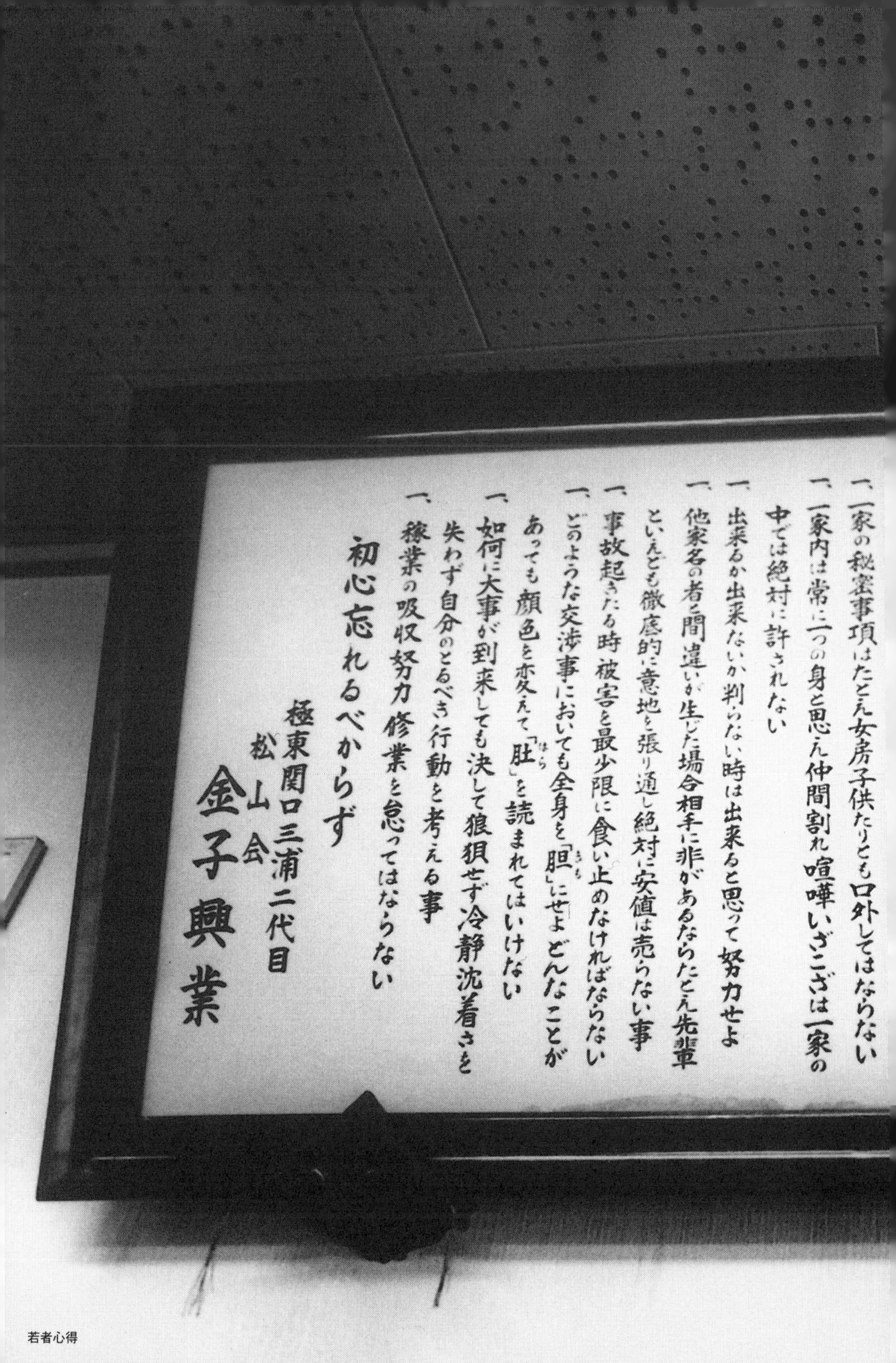
一、一家の秘密事項はたとえ女房子供たりとも口外してはならない
一、一家内は常に一つの身と思え仲間割れ喧嘩いざこざは一家の
中では絶対に許されない
一、出来るか出来ないか判らない時は出来ると思って努力せよ
一、他家名の者と間違いが生じた場合相手に非があるならたとえ先輩
といえども徹底的に意地を張り通し絶対に安値は売らない事
一、事故起きたる時被害を最少限に食い止めなければならない
一、どのような交渉事においても全身を「胆《きも》」にせよ どんなことが
あっても顔色を変えて「肚《はら》」を読まれてはいけない
一、如何に大事が到来しても決して狼狽せず冷静沈着さを
失わず自分のとるべき行動を考える事
一、稼業の吸収努力修業を怠ってはならない
初心忘れるべからず
極東関口三浦二代目
松山会
金子興業

若者心得

右・極東会副会長　極東真誠会総本部事務長　磯野益良　／　左・極東真誠会総本部事務局理事　柳敏光

極東会副会長　極東真誠会総本部事務長　磯野益良

極東真誠会総本部

ヤクザの事務所

刑事物の映画やテレビドラマでヤクザの組の事務所のシーンが映し出されることがある。

親分が机に足を投げ出し、若い子分がガムなんかくちゃくちゃやりながら屯《たむろ》している。

私は全国のヤクザの事務所を取材しているが、そんな光景に出くわすことはほとんどなかった。私たち外部の者が訪れるという一報が入っているからかも知れないが、ゴミひとつない事務所を見ると、つい感心させられてしまうのである。

ヤクザはヤクザではあるが、若い組員の躾《しつけ》はまったく厳しい。

先代たちの写真が飾られ、代紋が置かれている。玄関戸は厚い鉄板製が多い。なかには〝カチコミ〟で短銃を撃ち込まれた穴が何発か残っている鉄板戸もあった。

トイレなどもピカピカに掃除されている。少しでも汚れがあろうものなら、掃除をした若い組員が自分の舌で舐めて洗わなければならない。毎日毎日、若い組員たちは掃除の繰り返しである。

＊

それぞれの組には親分が標榜する綱領がある。

一、幹部の命令には絶対服従すること。

二、常に礼儀正しく言語動作を活発にすること。

三、室内室外を問わず整理整頓すること。

四、五……と続いていく。ある関西の組織の綱領だ。

これに違反したる者は厳重に処罰する、とある。

名誉と責任を自覚し互いに敬愛し信頼し、誠実を旨し節度を重んじ、心身を鍛え常に向上を怠らず信義をもって道と成すべし。

これは北海道のある組の事務所に掲げられた綱領である。

堅気の人たちが一生に一度おじゃまするかしないか、はっきり言って頼まれてもおじゃましたくないのがヤクザの事務所である。

＊

極道の人たちと写真のおつき合いをするようになった始めの頃、頭の中をかけめぐることが多々あった。流れ弾に当たってしまうのではないか、ヤクザ者の機嫌を損ねて殴られるんじゃないか、それは切実な気持ちだった。現在もその気持ちは変わっていない。

＊

バキッという鈍い音をさせながら、右の拳が宙を舞う。するとスローモーションを見ているように、二十歳《はたち》そこそこの若者が倒れていった。

数年前、新宿のあるヤクザ事務所に取材に出向いたときである。私に応対した若い衆はお茶とメロンを出してくれた。このメロンが悪かった。少し痛んで、ぐにゃぐにゃになっているのに組長が目を留めた。

「て、てめえ！　こんなモノを客に出せるか。このやろう！」

確かに組長の言うことは正論であった。右の拳が飛ぶ。ボクシングの経験者だという組長の動きは素早かった。

対面している私はまだ若造である。あまりの緊張に腰が立たなかった。いや、抜けてしまったのだ……情けない。

「おい、これでいいのか！」

組長は写真撮影用にダブルのスーツに着替えていた。傍らには片目を青タンにした若い組員もいる。ヤクザ者ゆえの強弱のある躾なのだろうか、四十代の組長は若い組員の頭をやさしく撫でていた。

「しっかりやれや、なあ。お前のその百キロもある巨体を食わすのは並大抵じゃあねえんだ。わかるか、おう！」

最近、巷の若者の凄惨な事件が増えている。人の情など微塵《みじん》のかけらもない。少しの間、若い組長の事務所預かりで行儀を習わせてみたら、と思う。

そんなに簡単ではないか、——浅はかでした。

＊

二日酔いである。ガンガンする頭で朝刊の三面記事を広げてみる。

何発かの銃弾がヤクザの事務所に撃たれた。原因はよくわからないが、大組織どうしの抗争だ。

やはりヤクザは怖い。怖い人々である、極道は。

出所

府中刑務所・朝ぼらけ

「ウォーッ」と眠い。

まだ夜中の二時だ。
前日用意しておいた味噌汁と握り飯を食べる。愛用のカメラにフイルムを装填し、何本かのフイルムをバッグに詰め込む。
しかし、眠い。身体も重い。
青梅街道まで徒歩で行く。生暖かい風、幾分かの小雨が私の身体を濡らす。夏が来る前ぶれかも知れない。
タクシーを止める。
「府中までお願いします」
府中刑務所まで、とは告げなかった。近場まで来たら言おうと、ちょっと言いにくかった。
「お客さん、カメラマンかい」
運転手にそう聞かれる。
カメラを首にぶらさげていたので、写真屋とわかったのだろう。はあ、と返事をする。
「何を撮りに行くん?」
「ちょっと府中まで、ある人間を撮りに。府中刑務所まで行ってくれる」
運転手はそれ以上、話し掛けてこなかった。

府中刑務所まで車は裏道を通り、ジグザグ、ジグザグと闇の中を走る。
真夜中である。人は誰もいない。
暗闇の中で、車のライトだけが浮かび上がる。ジグザグ、ジグザグと——。
突然、大きな道路に出る。府中街道だ。三億円事件の現場でもある。
そして延々と続く塀にでっくわす。これが府中の、刑務所である。
外車と何人かの人がいる。姐《あね》さんもいる。私は塀を背もたれにして、その時を待つことにした。
雨はまだ降りやまない。空もまだ暗い。
以前、高名な親分がこう話していた。
——私も刑務所で何年か務めました。ヤクザでもやはり刑務所暮らしはつらい。若いうちはまだいい。年を重ねていくと、何年かのお務めは、性格も、生活も変えてしまうものだ——。
そう言っていた。
ものごとは善と悪に分けられる。悪者を、悪、極悪、超悪に分類して刑務所に入れ、労役に従わせることを懲役という。
善者は、善、それだけである。極善、超善とはいわない。善、それだけでいいのである。
いや、見せかけの善、偽善というやつがあった。これは良くない。
しかし、人は罪を犯せば刑務所行きだ。金欲、色欲、権力欲、名誉欲、欲望という名のつく麻薬がどれほど蔓延していることか。
能書きはこれくらいにしておこう。
その時が来た。
鉛色の空は灰色に変わり、さらに白色の空に変わる頃、鉄板の扉を開ける音が、ガッチャ、ガッチャと響き、看守が出てきた。
その看守が帽子を被りなおしたそのとき、最高幹部のKさんが〝出所〟してきた。
姐さん、若い衆がそっと寄り添う。
「お疲れさんです」
Kさんは何も言わない。青白い顔は、少し痩せたように見える。
鑑賞している場合ではない。現実は容赦なく進む。

あっという間の出来事である。私はシャッターを押し続けた。
Kさんは車に乗り込むと、一群が集まる大広場に向かった。
私も遅れないようにと思ったが、足《クルマ》がない。よわった。歩いていける場所ではないらしい。
「オイ、あんちゃん、乗れや」
Kさんに若い衆が送ってくれるらしい。いやあ、助かった。
大広場に着いて、びっくり仰天した。まだ夜も明けやらぬ早朝の四時過ぎである。それなのに四百人から五百人だろうか、極道が集まっているではないか。
その輪の中心にKさんは突き進んでいく。
壇上にあがった。足取りはしっかりしている。
「ただいま、戻りました。私がKです……」
最高幹部Kさんの出所である。
生暖かい雨もやみ、くそ暑い欲望の夏が始まろうとしていた。

注意
中刑務所

府中刑務所・駆け寄る姐さん

出所出迎え者へ
(一) 家族又は保護者六名以内、同乗用車一台以外の立入り及び駐車を禁ずる。
(二) 大声高声を発せず静かに出所を待つこと。
(三) 通行人、通行車に絶対に迷惑をかけてはならない。
(四) 吸殻、空缶、空ビン、弁当の空箱紙屑等を投げ捨てないこと。
(五) 出所者出門後もこの敷地内での集合、出所挨拶、万歳三唱、高声を禁ずる。
(六) 出所後は速やかに退去すること。右各項に違反したときは出所時間を遅らせ、当門からの出所を取止め、立入者を退去させる等の措置をとる。
府中刑務所
一時停止
府中刑務所

掃除をする組員

親分を出迎える組員たち

祭りのあとに

蛇革の雪駄

高市

高市

なぜか、肩にたすきを掛け、髪はパーマ、そして黒い眼鏡をしたおばさんが私の方に歩いてくる。

私の人相風体はそんなにひどくはないと思うのだが、おばさんはひと言、
「お兄さん、街を明るくしましょう」
と言って、ティッシュペーパーを渡すと、スタコラと去っていった。たすきを掛け、一人で町内を闊歩しているのだった。

変わった人がいるもんだ。

暑くなってきた。そろそろ夏祭りの季節だ。

あの、遠い記憶を迷い思ってみると、社寺の出店の風景、縁日、そしてトン・トコトン、トン・トコトンと空に鳴る太鼓の音を思い出す。神輿《みこし》をかつぐ歓声と人のざわめきを聞くと、誰もが胸の高鳴りを覚えるだろう。

しかし、しかしである。

私は祭りが嫌いなのだ。

どうしてかと言うと、小学三年生のとき、新しい自転車を親父に買ってもらった。いやあ、大変嬉しかった。縁日に乗っていこうと、誰でもいい、他人に見せびらかしたかった。でも、あろうことか、かっぱらわれてしまったのだ。新品の自転車を、新品の自転車である。チクショウ。

だから嫌いなのである、祭りは――。

＊

ここに新井英則という、高市《たかまち》を鳴らした人がいる。新井さんは、高市ではずいぶんと暴れまくったそうである。

「たっちゃん、な、わかるだろう。写真撮るときはだな、かならずオレを中心にだ、な、わかるだろう」

オレを中心に撮れよ、と言って、片目でウインクをする。

義理場ではかならずそう言う。何年か前に、あることでムショに入り、最近出所したばかりだ。そのせいか、少し顔だちが柔和になったような気がする。

「たつ！　ちょっと来いや。お前わかるだろう、オレをだ、オレを中心にだ。

オレを中心に、写真は撮れよ。

たつ！　わかってんのか、コノヤロウ」

あの眉毛が薄い、怖い顔の新井さんである。

顔はまったく怖いが、眼鏡の奥をよおく覗くと、目許はやさしい。

しかし、はっきり言って、やっぱりと言おうか極道顔だ。失礼。

ある義理場でのことである。

「たつよう！　糞がよう、糞が出ねえんだ」

と言いながら、腹を押さえていた。

私は笑いだしたかったが、笑うと殴られそうなので、しかめっ面を作っていた。ヤクザ者でも便秘になるんだ、と思った。

ヤクザも人の子である。糞もすれば便秘もするのである。

しかし、笑わなくてよかった。殴られなくてよかった。

＊

義理場は、極道の世界ではたいへん大事な行事である。新井さんはしばらく姿を見せていない。病にかかられていたようだ。

私は、ある仕事を終え帰路に着こうと、タクシーを止めた。

そうか、食事はまだだった。途中で降り、食事でもしていこうと、中央線沿線のある駅から少し離れた場所で、「降ります」と運転手に告げた。

祭りの最中であった。混み合う人を避けて車を止めてもらった。

私は祭りが嫌いであるから、早くそこを去りたかった。

「どうも」と車を降りる。

おや、自分の前に新井さんが立っていた。杖をついている。奥さんが腕を支えていた。

奇遇である。思いもかけないことであった。

「あー、あー、助かったなあ」

と新井さんと奥さん。なかなか空車がつかまらなかったらしい。

「新井さん、新井さん」

声を掛けてみた。新井さんはこちらへ怖い顔を、いや、怖くはなかった。やさしい顔だった。

「おう、たつかあ！」

そう言っただけで、タクシーに乗っていった。奥さんがペコッと頭を下げてくれた。

極東会副会長　極東真誠会副会長　新井英則

新井さんとの邂逅は、それっきりであった。
その後しばらくして、会の機関誌が送られてきた。
——新井英則氏（松山会森本二代目）。平成十一年三月二十日死去。
新井さんは、亡くなられた。
「たつ！　オレを中心にだ、なあ」とは言わなかった。
はるか遠くに鳴っていた太鼓も止み、祭りは終わりに近づく。
写真はなあ、オレを中心に、オレを中心に撮れよ！
世の中は、オレを中心に回っているんだからなあ！

高市・大宮

新宿・花園神社・酉の市

テキ屋無頼

「中村さん、来週さあ、出店があるんだけど、たまには、遊びに来ないかい。

酒と食い物ならたくさんあるから、カメラぶら下げて立ち寄ってみてよ」

平成十三年、新たに極東会五代目松山直参になった関口一家岩田三代目岩田会会長、極東会のホープでもある青森県出身五十四歳の高井茂光さんからの誘いであった。

東京の裏動線と私が呼んでいる武蔵野線に乗り、武蔵浦和で埼京線に乗り継いで、ここ埼玉の大宮に着いた。

武蔵野線というと、ついこの間物騒な事件があった。電車を降りようとする乗客の後ろから、金槌で後頭部を強打するという若者がいた。物騒このうえない事件である。

殴られた人は、何がなんだかわからず殴られるということだ。理由なき事件が多い。

私も左、右、上、下、眼をしっかりと見据えて電車に乗り込んだ。危ない、危ない、殴られるのはまことに痛い。

「大宮駅からちょっと行くと氷川神社があるから、着いたら中ほどまで進んだところに、オレいるからさあ」

高井組長がそう言っていた。

私は氷川神社は駅から近いらしいと踏んで、歩いて行くことにした。これが失敗だった。けっこう道のりはあった。

歩く、歩く、まだか。くたびれてきた。私は身体が丈夫ではない。

何か懐かしい香りが漂ってくる。たこ焼きの匂いか、焼きそばのソースの匂いか、高市《たかまち》は近い。

人込みが見えてきた。お巡りさんが交通整理をしている。氷川神社の入口か、いや裏側の出口に着いた。

まあ、いいか。

しかし、凄い。物凄い出店の数だ。この大宮の高市は全国でも一、二番を争うほどの出店の数ではないだろうか。さあ高井組長を捜そう。

どこだ、どこだ、高井組長はどこにいるのか。

行けども行けども出店のオンパレードである。

しばらく行ったところに関係者の集会所があった。看板に警察官詰所と書かれている。

ここで尋ねるわけにはいかない。

出店のお兄さんに聞いてみた。

極東会五代目松山直参　関口一家岩田三代目　高井茂光

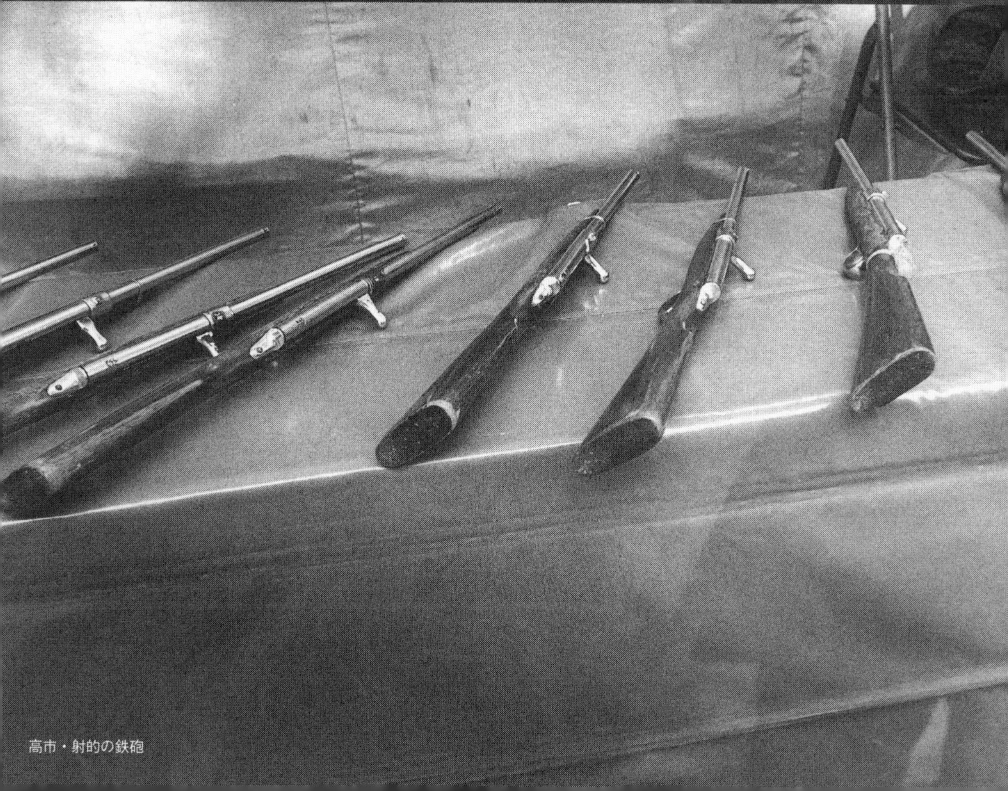

高市・射的の鉄砲

「すいません、岩田会の高井さんはどこにいますか」
「ああ高井さんかい。あんた、どこのカメラマンだい。ちょっと待ってなよ」
お兄さんは岩田会の若い衆を呼んでくれた。先導され、人込みを割り出店の裏道を進む。
高井組長、そして稼業違いの方たちと高市の運営をしている友愛グループの人たちが集っていた。
「オイ、中村さん。遅いじゃねえか。どこ行ってたんだい。ホントにたのむよう」
高井組長に冷やかされてしまった。
さっきの集会所の前を通り過ぎ、競技場の出店の前で写真を撮る。
「オレ、若い頃は高市の嫌われ者だったんだ。喧嘩三昧だったもんなあ」
ボソッとそう話す。
「高井さん、かっこいいねえ」
通り過ぎの出店のおばちゃんに声を掛けられていた。

＊

頭を金髪に染めた娘さんがキャベツをみじん切りにしている。
「お酒一杯、たのむよう」
七十過ぎだろうか。お年寄りの夫婦がテントに入ってきた。何かほのぼのとした雰囲気が高市にはある。
「中村さん、写真一枚撮ってよ」
何の毛皮か私にはわからないが、えらく高価そうな毛皮のコートだ。高井さんは颯爽《さっそう》と羽織る。
「オレは生涯テキ屋だ、高市で産湯をつかったんだ」
写真に収めると、高井組長は氷川神社の出店の列の前を、重そうなコートを風になびかせながら歩いていった。
その姿はまさにテキ屋無頼、である。

＊

しかしあのコートは何の毛皮なのか、考えながら武蔵野線で帰路に着く。
そんなことを考えていたら後ろから金槌で頭をゴッンと、危ない、危ない。
その夜は居酒屋でしこたま酒を飲んでしまい、道路で寝込んでしまった。
眠りから醒めるとパトカーの中にいた。

「あんた、どこのカメラマン？」
お巡りさんの職務質問だ。
一体、私は何をやっているのか、困ったもんだ。
さっき武蔵野線の車内で、ゴツンと後頭部をやられたのかも知れない。
オエッと、なんだか気持ちが悪くなってきた。

友愛グループ・大宮

極東会会長付　五代目松山直参　極東真誠会会長補佐総帥付　豊川誠

極東会会長　極東真誠会総帥　松山眞一の愛車

台場

広島・呉へ

ひろけんせん

広島市街

広島・呉行

カーテンを開け、ホテルの窓から眼下に望む広島市街は青一色だった。

朝方の原爆ドーム、霧雨が地べたを濡らしている。

水蒸気が道路から吹き上がる。

ズタ袋を引きずって歩くレゲエのおじさん、餌を食い散らす鳥、ゴーストタウンのような広島の朝の繁華街。新宿歌舞伎町の朝によく似ている。

広島は幾つかの川と同居しながら人々が生業《なりわい》をしてきた街だ。原爆ドームの前にも大きな川が流れている。

雨は小降りだというのに水嵩が増しているようだ。

人間の限界を越えた喉の渇きと身体の熱さ、通称ピカドン、原子爆弾の凄まじい閃光の被害を受けた人々が最後に辿り着いた場所である。

戦後も何年が過ぎたのだろうか。原爆ドームも痛みが激しい。

一礼をする。

＊

昭和二十年から四十七年までの長期にわたった広島と呉の極道たちの抗争は、この地から始まった。面子《めんつ》とプライドと利権争い、つい今しがたまで談笑していた仲間に背後から撃たれるという、地獄絵のような光景が日常茶飯に見られた。

暗殺、裏切り、策士どうしの戦いであった。

当時闇市があった広島の繁華街をたずね、川沿いの広島刑務所を見る。

世間を騒がせた宗教団体の幹部が年も押し詰まった十二月末に出所していた。

小降りだった雨は強い雨に変わっていた。

＊

軍港都市・呉を訪れる。

なぜか緊張している。武者震いが止まらない。

山の中腹まで登ると、広島抗争の中心人物である初代共成会会長山村辰雄氏の墓が楚々とした風情で建っている。最近建て直されたらしく墓石が新しい。

悲喜こもごもの波乱の生涯を送ったあの山村組山村辰雄氏の墓である。私はしばらく無言で墓を見つめていた。

今回、呉に来たのは四代目共成会最高顧問小原一家総長門広氏の一周忌のためである。

呉の軍港を訪れる。波が荒い。
遠くに軍艦のような船が何隻か佇んでいる。カーン、カーンと船を造るドッグの音が暗い空と荒い海に響き渡る。
なんとも独特の雰囲気がこの呉にはあった。
沖仲仕、復員兵、引揚者、そしてヤクザ。ありとあらゆる人々の喧噪と怒号と笑い声が聞こえてきそうだ。
軍港を去り、呉の駅前に——。
パーンと一発の銃声が鳴る。
パーン、パーン、パーン。
さらに何発かの銃声、その後に最後の一発。
パーン。
とどめの一発である。
山村組若頭佐々木哲彦氏の射殺現場である。呉の繁華街、中通りにあるビリヤード場「廣一」の前だ。
山村組佐々木哲彦若頭が生きていれば、広島抗争は様相を異にしていたと言われる。
「あんた、何しに来たんじゃ。
わしの、血だらけの顔を撮りに来たんか、のう！」
ビリヤード場「廣一」の前に立った私は佐々木哲彦氏の声がそう聞こえた。
足が、足が動かない。地べたの下の佐々木氏が私の両足をつかんではなさない。
血だらけの形相でニヤッと笑っている顔が……そんな錯覚に陥った。

＊

「ご苦労さんッ」
小原一家の若い衆が玄関で迎えてくれた。
三階まで階段を昇る。
門広総長の写真が数枚飾られている。住職が経を唱え始めた。
門広四代目共成会最高顧問小原一家総長の一周忌だ。
私は隣の若い衆の部屋に案内された。大きな窓の外には聖なる山々と雄大な川が流れている。遠景がぼんやりして見にくい。霞がかかっているのだ。
少し肌寒いが窓を開け、私は外の風景を眺めていた。
鴨であろうか、右から左へと視界を横切って飛んでいく。見事な風景である。
襖が開いて、門広総長の妹さんがお茶を持ってきてくれた。
「熱いお茶、飲まんね。
ここからの眺めはいいじゃろう。
〝おやじ〟はこの場所が好きじゃった。一日中おった。
ここが、好きじゃったのう」
門広総長は時間があるとこの場所に佇み、獄中三十年の重みを噛み締めていたのか。門広氏は佐々木哲雄氏の事件では十七年の獄中生活を送った。
夕刻を過ぎていた。川の水が引いている。
この川は三角州なのか、潮のように水は引いていった。
「客人、最終の新幹線じゃろうが」
帰る時が来た。
私はまた近いうちに、この広島を訪れるだろう。
新幹線でのウイスキーを門広四代目総長の一周忌、その手向けとするか。

原爆ドーム

呉・初代共成会会長　山村辰雄の墓

呉・共成会小原一家本部から眺める山々

山村組若頭　佐々木哲彦の射殺現場・呉

呉・共成会小原一家

共成会小原一家

呉港

媒酌人ブルース

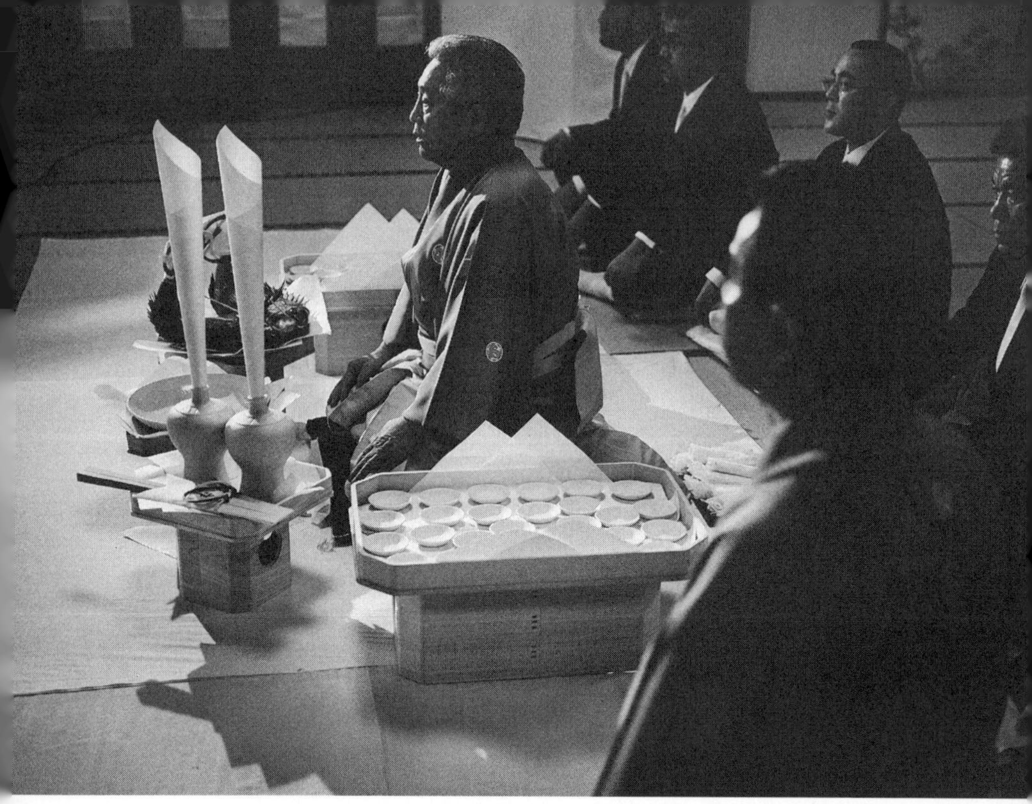

全丁字家芝又三代目　小池寛

夕凪

義信会会長、津村和磨

ズルズル、ズルズル、ズル、ズル。

私はいま、大阪・夕凪《ゆうなぎ》のある蕎麦屋さんで天ぷらそばを食している。

たいへん旨い。「会長、この蕎麦はナニ蕎麦というんでしょうか?」

関東で食べる蕎麦とちょっと様相が違っていた。

「あんちゃん、まずいぬかしおったら、ぶち殺したるでえ。

とろろ蕎麦の変形や、ぶわっはっは」

と、夕凪の蕎麦屋さんの天井に渋いダミ声を放ちながら熱いお茶を飲んでいる侠《おとこ》がいた。

熱いお茶を旨そうに飲んでいるその侠とは、四代目山口組竹中正久組長、五代目山口組渡辺芳則組長の継承盃で媒酌人を務めた義信会津村和磨会長だ。ヤクザ本来の仁侠道を一直線に生き抜く侠、津村和磨氏である。

*

大阪港区の夕凪の空の下を歩く。

あと幾許《いくばく》かの時が過ぎれば夕暮れだ。

十二、三年ぶりだろうか、あの独特のダミ声と話術、津村会長に会いに夕凪に立ち寄ってみた。

地元の街中、いや全国かも知れない。あまりにも有名なことであるが、津村会長の唯一の交通手段は自転車だ。この自転車「バイ・スクール」であるが、これがまた物凄く貫禄のあるがっちりとした風格のある自転車なのだ。

愛車・津村号、そして津村会長の勇姿を夕凪の地で写真に収めたかったのである。

*

「ああ、あんたか。憶えとるで」

津村会長とは十数年ぶりであるが、会長は私の顔を憶えていてくれた。

早速、撮影となった。

愛車・津村号を駆っての勇姿をパチリ、パチリ、街中を走ってもらった。

「取材でっか、オヤジさんの。

よろしくたのんまっさあ」

商店街の人たちが声を掛けてくれる。浪花のオヤジさんの真骨頂である。街の人たちと肩を並べて生き抜くのが仁侠人たる所以《ゆえん》である。

＊

パチンコ屋さん、文房具屋さん、スーパー、商店街をくまなく歩く。一軒の八百屋さんの前でポーズをとってもらった。
八百屋のおじさんと話が弾んでいる。相変わらず豪快な笑い声である。
白塗りのがっちりとした自転車に乗ったその人こそ、全国に名だたる媒酌人のひとり、津村和磨である。しかし八百屋のおじさんは、近所の気のいいおじさんか、初老の極道としか思っていないのだろう。
津村会長はきっと、その生涯を「オレ流」で生きていくのだろう。ファインダーの向こうの津村会長を見て、私は何気なくそう思った。
夕闇が迫ってきた。
ガタ、ボコ、ガタ、ボコ、ボコボコ。
津村号がパンクしてしまった。
「やられよったなあ、しようがないわあ」
津村会長はパンクした白塗りの自転車を引いている。重そうだ。
「おやじさん！　どないしたんや？」
近所の家具屋さんが心配して声を掛けてくれた。
「そこに置いときいな。わいが自転車修理、持って行ってやるがなあ」
「そうかあ、たのむわあ」
会長の顔が何とも言えない顔に変わっている。人間・津村和磨、そして浪花の情けを垣間見たような気がした。
残念なことに、私は津村会長の媒酌人姿を見たことがない。津村会長もだいぶ高齢に差し掛かってきた。
ほんまの極道の、ほんまの盃事を、ほんまの盃人を、見てみたい。
「席が代われば当代です」

＊

津村号のパンク、もうなおったかなあ。

盃という儀式

盃

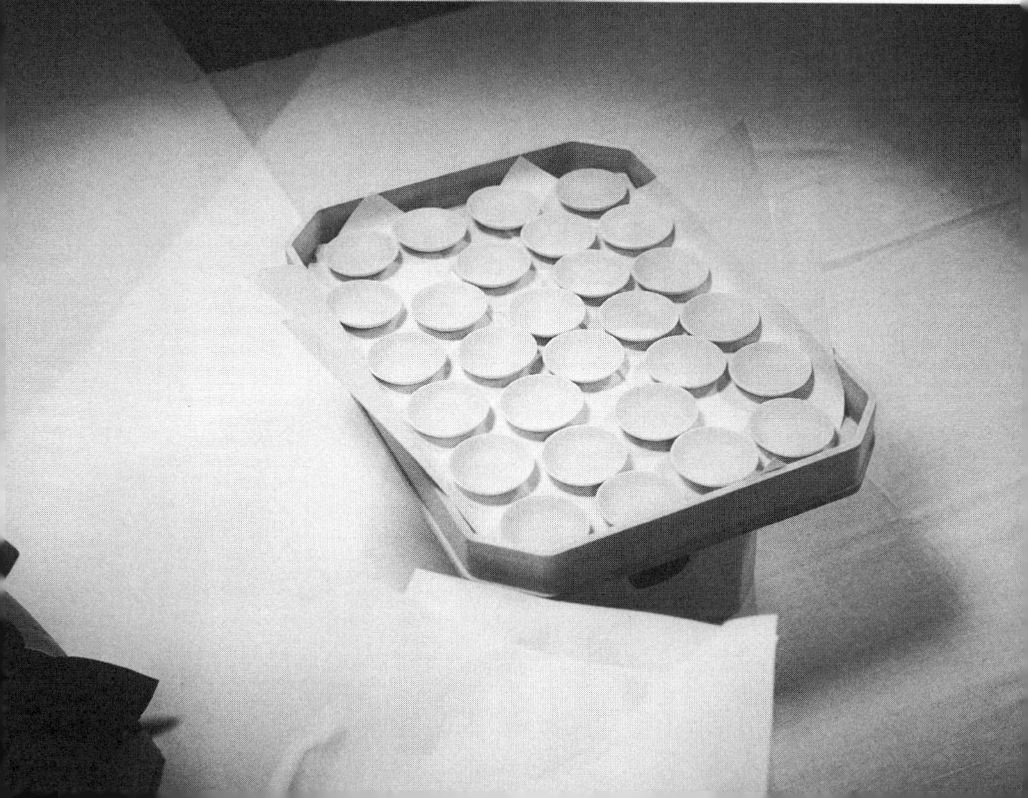

太陽の神と崇められ、古事記による「天の岩戸」神話に伝承されている皇祖神、天照大神。博徒たちは祭壇の祭神として天照大神を中央に置き、第一代の天皇である神武天皇、武神を主祭神とする香取大明神、鹿島大明神を両脇に置き、崇めるのである。

テキ屋はといえば、中国の皇祖神、神農皇帝を中央の祭神として崇め、神武天皇、今上天皇を両脇に置く。

博徒、テキ屋どちらも三神をかならず祭神とする。中央には式場すべてを映し出す三種の神器の一つである鏡が光を放ち、神話の神々たちが産み落としたこの国の重要な穀物、こめ、むぎ、あわ、きび、まめの五穀、野菜、昆布、果物などが据えられている。

なぜ極道たちが天照大神を祭神にするのか。それは「天の岩戸」神話に由来するのではないだろうか。

天照大神と弟の須佐之男命の確執があり、弟の乱暴狼藉に愛想をつかし怒って天の岩戸に隠れてしまう。

高天原は闇の世界になる。そこで残った神々が夜な夜な祭りをし、天照大神を呼び出そうとする。何ごとかと天照大神が外を窺おうと少し岩戸を開けたとき、力持ちの神様に岩戸を引き開けられ、また太陽が天地にもどるのである。

須佐之男命という祖神は暴れん坊であるが、人間にもっとも近い神と言われる。

姉の天照大神と弟の須佐乃男命の「天の岩戸」神話の出来事が、極道たちの天照大神を崇める起源なのではないだろうか。

暴れん坊のヤクザたちがこれから極める道に向かい、天つ神の天照大神にどうぞよろしくお願いしますと、神様に許しを請うているのかも知れない。

＊

代目盃、親子盃、兄弟盃、五分兄弟盃など、盃事は数多くある。

冬ではあるが、陽が差すと幾分か寒さも緩む日だった。総勢何名だったか、何十名という数だったかも知れない。ある組織の「一家名乗り盃」が執り行われた。

総帥が正面座にあり、取持人、推薦人が傍らに、真向かいに媒酌人、主役の一家名乗りの親分たち、その前座に見届人が座に着いている。紋付袴、ヤクザたちの一世一代の姿である。大広間に一直線に延びた紋付袴の黒い列、まさに壮観である。

厳粛な式だ。失敗は許されない。

はっきり言って、私もいつになく緊張の度合いが大きい。

媒酌人が口上を述べる。

「この盃なみなみと注ぎ添えます」

いよいよ一家名乗りの始まりだ。

式は粛々と進んでいく。

う、うっと、ま、まずい。まずいのである。

何がまずいかというと、私は過度の緊張のせいか、親分たちには申し訳ないが尿意を催してきてしまったのだ。

クライマックスは近い。いそげ、ト、トイレへ。

焦って事をなしたためか、手を洗う水道水をズボンとシャツにびちょびちょにひっかぶってしまった。焦っていた。しかしどうしようもない。

カメラ二台を首にさげ式場に戻る。

何十名かの一家名乗りの盃であったため、媒酌人が神酒を注ぐのにいくらか時間がかかったようだ。

なんとかクライマックスの神酒を一斉に飲み干す場面には間に合った。

やれやれ、助かった。皆さんに気づかれずに、いや、あのカメラマンどうしたんだときっと思っていたかも、なにしろ洋服がびしょびしょの姿であった。

だが、私の身体の温度と式場の熱気とで、濡れた洋服はなんとすっかり乾いていた。

なんとかその場はしのいだ、と思ったが、これがまだあったのである。

集合写真を最後に撮る。私は急いでいた。泡を食った姿がそこにあった。

「たっちゃん、時間ないよ。急いでね!」

幹部の人たちに急かされる。

たしかに時間は迫っていた。式は押せ押せの状況で、私は汗たらたらだった。

お、お、おっと。フイルム、フイルム、交換、フイルム交換と、ポケットに手を。

な、ない、フイルムがない。

予備のフイルムが底をついた。また汗がドッと噴き出した。

カメラのフイルムナンバーを覗く。三、三十四枚めであった。あ、あと二枚ある。二枚だけだ。私は観念した。観念せざるを得ない。

で、ではまいります。

カッシャ、カッシャー。

二回シャッター音が、たしかにした。

その日は私にとっては観念の一日だった。

疲れた、まったく疲れた。

盃事という式はほんとうに疲れる。

一家名乗りの親分たち、おめでとうございます。しかし、私は疲れた、疲れた、疲れた。

何度でも言うぞ!

私は疲れた。しつこい。

＊

追伸　写真はよく撮れていました。

義足の親分

義兄弟五分盃

極東会事務局長　佐藤正夫

極東会会長　極東真誠会総帥　松山眞一の誕生会

推薦人
松山分家
森本分家
武田一家
富岡一家

一家名乗り盃

親分の恋

広島刑務所

親分の恋路は切ない恋心であった。

恋は理性や常識では解決できない。恋は盲目である。皆さんもそういう経験は多々あるのでは。私も数は少ないが幾つかの恋心は経験してきた、つもりではあるが。異性を好きになると目の前がくらくらし、何をするにもボーッとなるような〝あの感情〟である。

私などだいたいが片思いではあるが、〝あの感情〟が毎度多すぎていまだに寂しい独り身である。

寂しい限りである。恋は盲目であるが、私の前途もまったく盲目だ。

＊

年の頃は七十近くになるだろうか。ある大幹部の親分がいる。

現在、親分には好いている女性が何人かいるらしい。癖毛のパーマが少し、白髪交じりではあるが、身体も贅肉がなく、しゃきっとした若い姿だから、やはり女性が放っておけないタイプではある。幹部としての役割とは別に、酒、女、数ある趣味をこよなく愛しているのだ。

その親分が、ある女性に恋をした。二十代の頃である。ごくふつうの堅気のお嬢さんで、けっして稀に見るような美貌ではなかった。

ヤクザ者の女、または愛人というとだいたいが凄い美人を想像しがちだが、私の知り合いの親分の姐《あね》さんなどは女傑タイプが多い。世間からはみ出た若い衆や、暴れん坊の若いもんを世話する姐さんはカッコなどつけてはいられないのである。腕っぷしの強いおばさんなのだ。

＊

親分の若い頃は抗争の明け暮れだったそうだ。当時、ヤクザの商売は喧嘩だった。

手に散弾銃、胴巻きには匕首《あいくち》、足をゲートルと地下足袋でかため、一発撃っては壁に隠れ、また一発撃っては隠れ、その繰り返しだ。

相手方も同様だ。喧嘩はカッコよくは決してない。胴巻き声でがなりたてながらある組の事務所に突撃したときだった。

匕首で相手の組員の腹をひと刺し、ズブッとやってしまった。

て、てめえ、このぉー。

ク、クソォー、くたばりやがれぃ。
と言ったかどうかは定かではないが、とりあえず匕首で刺してしまった。とりあえず刺された組員はもがきながら、血まみれの腹から出てくる腸を、また元に入れ戻していたというから凄絶だ。
痛い、痛い、なんて言ってる暇がない。とりあえず刺された組員は腹を押さえながら、親分の顔をカッと眼を見開いて睨んでいたそうだ。
親分は案の定、刑務所行きだった。懲役である。しばらくは娑婆《しゃば》には出てこられず、腹の底から好いている女性とは会えない。
その女性は、親分が刑を終えるまで、私は待っています、と堅い約束を言い交わした。
親分はウォーウォー泣いたらしい。ほんとうに地獄の底までその女性が好きだったのだ。
刑務所暮らしが何年か過ぎる。親分はその女性に会いたくて会いたくて、思いは募るばかりだ。
そうだ、病になり刑を軽くしてもらおうと、とんでもないことを考えた。
石鹸を飲み、また釘を飲み、身体を傷める。

生きているのが不思議だ。
募る思いは増すばかりである。言い伝えでは、元気でいるということは知らされていた。やがて出所である。
何人かの出迎えの組員の傍らに、親分が腹の底から好いているあの女性が立っていた。
少し痩せたようだ。お互い言葉はない。
ただ気持ちだけで抱き合った。
涙が止まらなかった。待っていてくれたのである。
親分が腹の底から好いていた女性だった。しかし、彼女は一言だけ言い残し、親分の前から姿を消す。
彼女は癌という重い病を抱えていたのだ。
それからというもの、親分は女性を周りにたくさん置き、酒をこよなく愛するようになった。
しかし心は癒されない。腹の底から好いていた女のひと、せめてもというか、親分の根っからのやさしさなのか、遺された身内の面倒を死ぬまでみていた。
親分はやさしいのである。そして女性がたいへん好きなのである。

熱海

竹中組跡・姫路

隙間の森

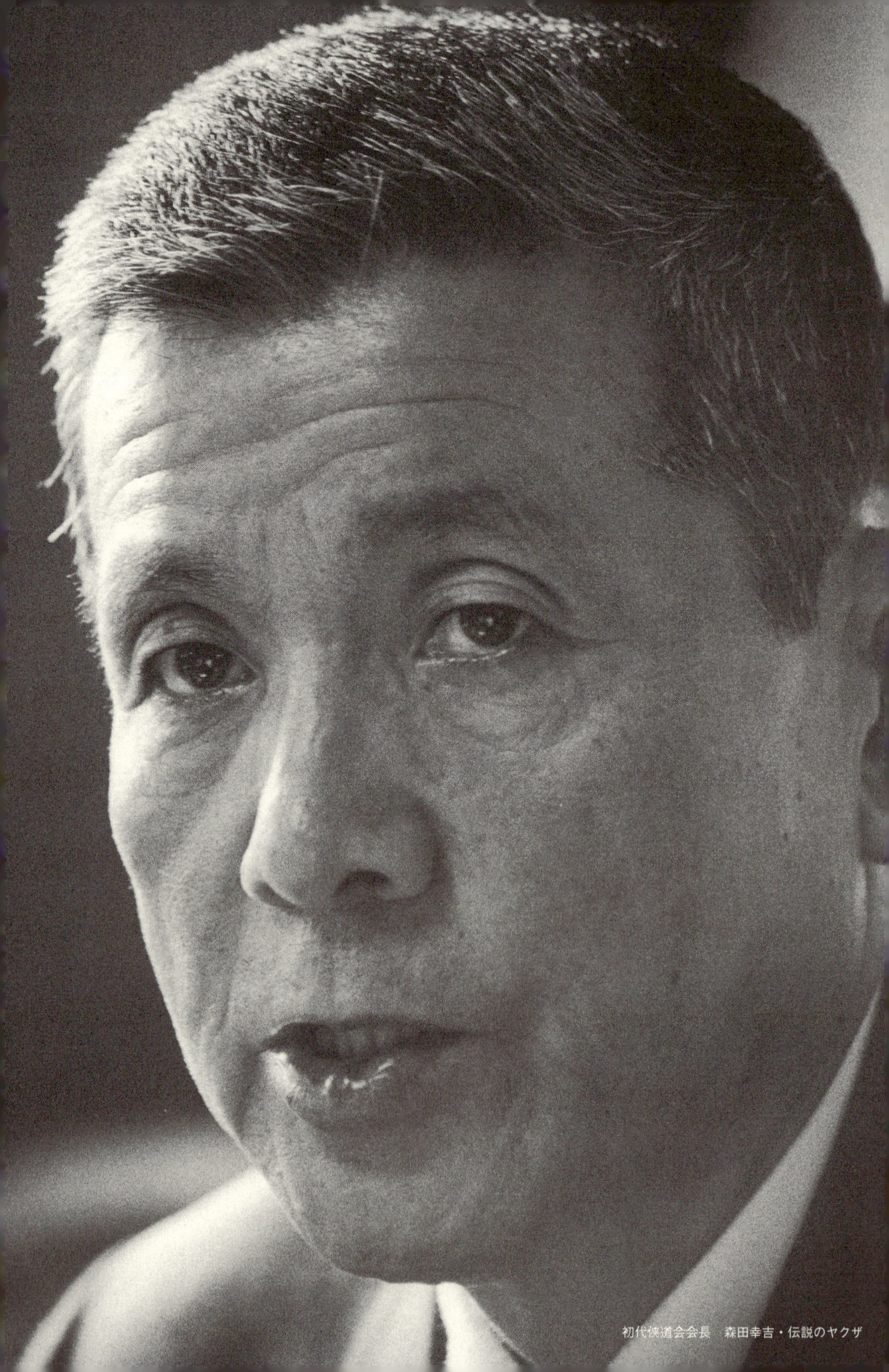

初代俠道会会長　森田幸吉・伝説のヤクザ

尾道

尾道の事始め

二代目侠道会幹事長　森田健介

のろのろと走るバスが一台、その窓から眺める景色はのんびりと雄大だ。

行商のおばさんが重そうな荷物を肩に掛け、バスに乗ってきた。

都会の喧噪など、それこそ木っ端微塵に忘れさせてくれそうである。

ポワーンと港に漁船が何艘か浮かんでいる。

近くの古びた西洋風のコーヒー店（カフェというのか）、そこで少し休むことにした。

窓の外は尾道の港である。

＊

「健介、顔見せんがね」

渋い声を放ちながら正面に座る侠がいた。

侠道会初代会長森田幸吉氏である。山陽道に生きた伝説のヤクザだ。

私が初代会長森田幸吉氏に会うことができたのは昭和から平成に替わる数年前のことであった。

「健介、顔見せんね」

うちで最も危険な侠《おとこ》じゃ、健介は……初代森田会長が言うその侠とは森田健介氏である。鋭い鳶色《とびいろ》の眼光を放つまだ若かりし頃の森田健介氏であった。

＊

平成元年十一月、高知県生まれの初代森田幸吉氏は亡くなった。先代亡き後、代目継承したのが二代目侠道会森田和雄氏である。先代の実弟にあたる。

この侠道会の事始めを私は拝見する機会に恵まれた。いざ尾道へ、である。

侠道会本部は慌ただしいようすであった。お手伝いさんがあっちこっちに行き来している。

私もあっちこっちに心が落ち着かずにいた。そのうえ、ぴっかぴかの床ですってんころりんと尻餅をつく始末である。

しかし、本部の床は見事なほど磨き込んである。さしずめ、私の姿はうろつく猿である。

関西の事始めを拝見するのは初めてであった。二代目侠道会森田和雄会長を正面に、黒い正装の組員が周りの席に着き、いたってシンプルに式は進んでいく。

大事な事始めの儀式である。
ぴっかぴかの床に足を取られぬよう、慎重に慎重に後方の席に着き、写真を一枚。カッシャー、撮る。

＊

東京は小降りの雨だった。
「中村さん、侠は傘など差さないでしょう」
侠はそう言いつつ、まっすぐ歩いている。
鋭い鳶色の眼をした侠、侠道会幹事長の森田健介氏、尾道の〝健介さん〟であった。
久しぶりに森田健介さんに会えることになった。
何年ぶりだろうか。いくらか年齢は重ねたが、あの尾道の健介さんであった。
レストランで話を聞く。
独特の言い回しと身ぶり。尾道の健介さんに早くも魅了されてきた。
「健介さん、ストロボ焚きます」
店内が暗かったのでそうお願いした。
「中村さん、火でも松明《たいまつ》でも焚いてください」
爆笑であった。
森田健介氏独特のブラックジョークとペーソスである。
鋭い鳶色の眼をした尾道の健介さんは、やっぱり危ない侠であり、東京の〝健さん〟はこれからもずっと元気である。

二代目侠道会幹事長　森田建介

尾道

二代目侠道会幹事長　森田建介

侠

尾道の事始め・二代目侠道会会長　森田和雄

住吉会副会長補佐　高橋勝郎・石巻にて

石巻

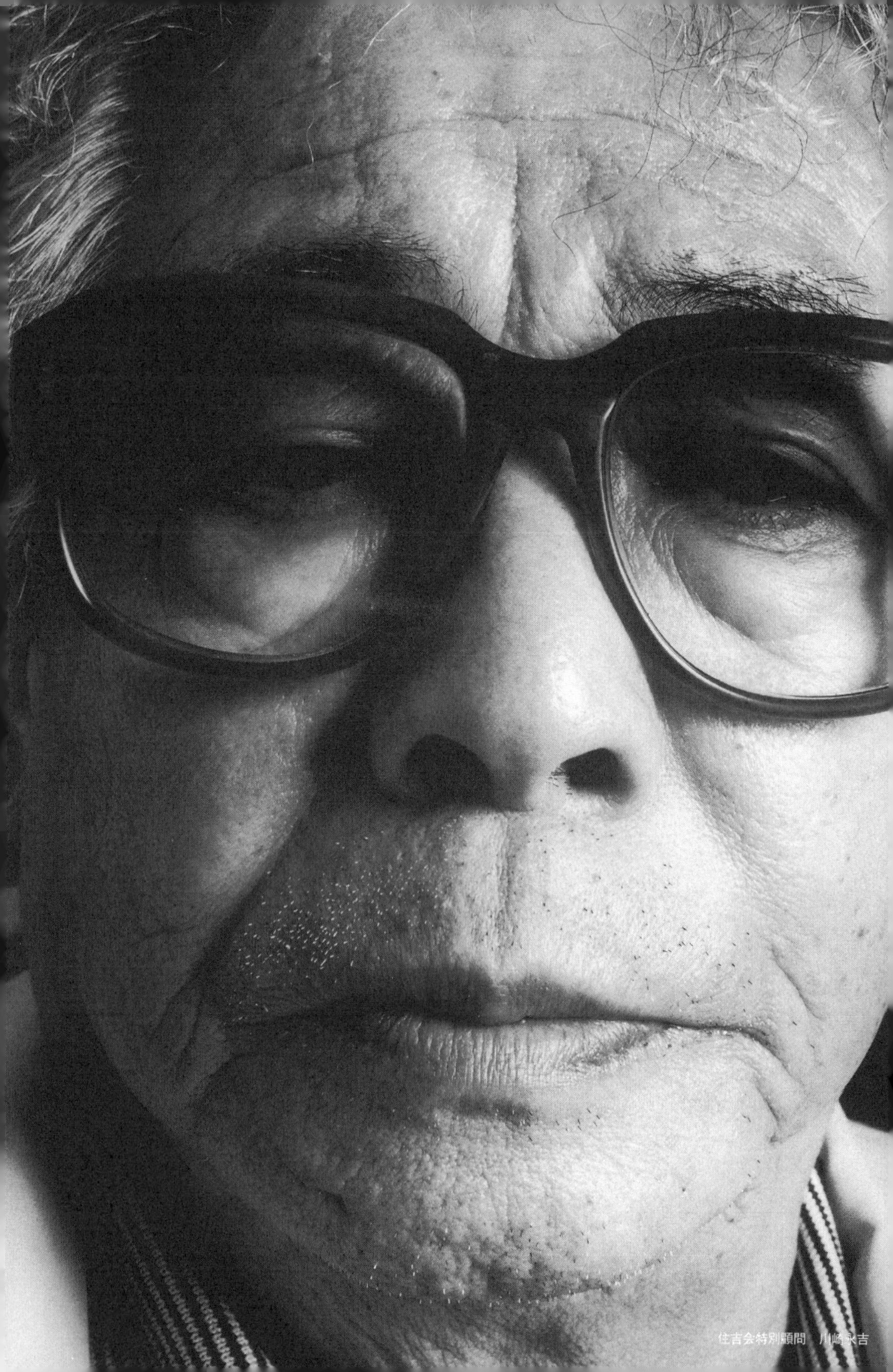
住吉会特別顧問　川崎永吉

住吉会副会長　佐藤誠心

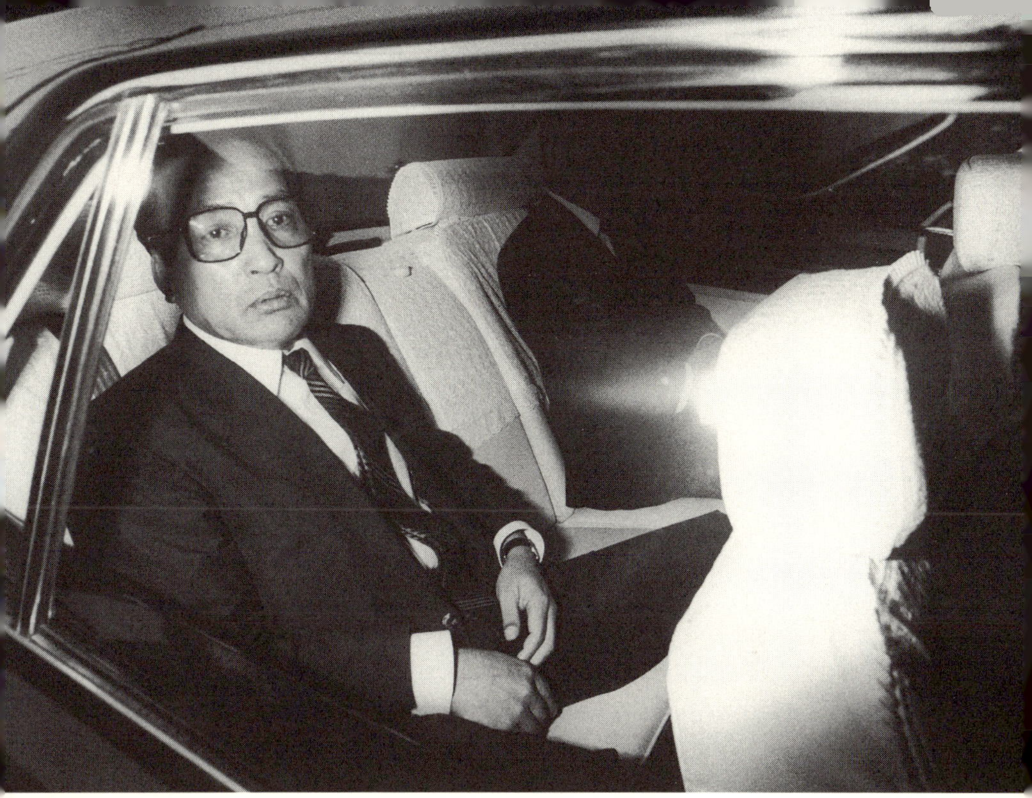

導友会会長　石塚照雄

不覚のワンショット

住吉会総裁
堀政夫

極東会最高顧問・極東真誠会最高顧問
大山光一

不覚のワンショット

地球上で唯一、煌々と昼夜を問わず光を放つ場所がある。新宿歌舞伎町である。

その歌舞伎町のとある場所で懇親会が催された。関東の親分たちが大挙して集うのである。

階段を降りていくと、鏡張りの壁に何重にもなった親分たちの姿が映し出されている。

会の前席の方であったか、ひときわ紳士然とした親分がいる。住吉会総裁堀政夫氏である。

堀総裁にお会いするのは二度目だ。思いやりのある真摯な態度、伝説にもなった生き方には、名のある極道なら誰もが認める徳があふれている。

その隣にはいぶし銀のように佇む白髪の侠がいる。極東会最高顧問（真誠会最高顧問）の大山光一氏が座っている。稼業違いのパイプ役として、極東会において絶大な力を持つ大山光一最高顧問だ。

私はやにわに二人の前に進み出て、写真を撮ろうと試みた。堀総裁と大山最高顧問は旧知の関係である。談笑中の二人からは、失礼ながら〝茶飲み友達〟のような雰囲気が感じられた。

懇親会では大勢のコンパニオンの女性が手助けをしている。この日のコンパニオンは美しい人が多かった。極道の親分たちの会である。コンパニオンたちも少なからず緊張は隠せないのではないか。

一枚カッシャ、二人を撮る。もう一枚とファインダーを覗く。私は左眼を酷使しすぎて視力がだいぶ弱ってしまった。現在は右眼を使っている。右眼でファインダーを覗いて撮っていると感情が昂り、ファインダーが曇ってしまう場合がある。

その瞬間もそうだった。大山最高顧問が中央に、ファインダー右に堀総裁、左端に美人コンパニオンが、これがまた美しい女性であった。

二人の表情を見る。不覚にも左端の美人を見る。カメラが左、右、左、交互に振れてきている。
ど、どうしよう、撮るか。

二人の大親分には失礼であったが、左端の美しい女性を画角に入れてシャッターを押してしまった。カッシャ。この未熟者め！　この空虚者《うつけ》め！

私は自問自答しながら美しい女性の艶気にシャッターを押してしまう。

不覚のワンショット、であった。後に私の貴重な写真の一枚になるのである。
しかし、美しい女性だった。あれから十数年たっているのだが、過去も現在も独身である私としては、よくわからないが残念な気持ちである。電話番号だけでも聞いておけばよかったたか。
この未熟者め！　この空虚者め！
また私は自問自答してしまった。

＊

堀総裁は生涯、幹部たちと連れ添って歩くことはしなかった。どこへ出るにも単身で行動したらしい。頂点に達した自己の哲学に忠実に生きておられたのではないか。
一方、大山最高顧問は終戦後の闇市をバックに、あの小さな身体から発する凄まじいオーラに包まれて、数々の武勇伝を残してきた。心中を語らずにすべてを表現する姿は、大山最高顧問の美学でもあったのだろう。
懇親会は大盛況であった。
その後、堀政夫総裁、大山光一最高顧問ともに義理場で何度か会った。怒濤の昭和から平成へ、その平成元年、大山最高顧問は胆嚢がんで遠い旅路へ出る。

＊

極東会真誠会顧問八木康太郎氏の本葬儀においてであった。全国から各組織の親分衆が駆けつけた。
久しぶりに堀総裁の姿を見ることができた。以前のふっくらとした面影はなく、多少痩せたようだがお元気であった。
私は忍者のように近くに寄り、写真を一枚、カッシャ。一礼して立ち去ろうとすると、
「ご苦労さん」
堀総裁が私をねぎらってくれた。
これが私が見た堀総裁の最後の姿となった。
翌平成二年、住吉会総裁堀政夫氏は肝硬変で黄泉《よみ》路の旅に出られる。
六十五歳。大山最高顧問と同じ享年であった。
もう一つの世界で、二人は互いの武勇伝などをお茶を飲みながら、いや酒かも知れないが談笑されているのか。
二人の親分がいた事実である。

住吉一家五代目会長　堀政夫

極東会最高顧問　大山光一

朝の膳

温泉街・栃木

新年会顚末記

事の始まりから終わりまで、今年の新年会での私の失態はどうしようもなかった。

朝方ブル、ブル、という寒さのおかげで眠りから覚める。も～う寒い。窓の外は雪だ。

横這いの姿の私の眼前には毛布が掛かった炬燵《こたつ》がある。

私の顔には鼻血だろうか、血のかたまりが着いている。寝ながら鼻血を出したのだろうか。私の身体は危ない身体なのだろう。

遠いか近いかわからないが、なんらかの病気であの世に逝くのだろう。

*

ある組織の新年会は宴たけなわだった。会場となったホテルは最高に盛り上がっている。

私はカメラマンという仕事をつい忘れてしまい、幹部の方、若い衆が差し出す黄金色の液体に溺れてしまった。

宴会も二次会となる。コンパニオンも一緒である。私と事務局詰めのYさんとは終始一緒だ。Yさんも相当酔っている。

「中村さん、飲みましょ、飲みましょ。きょうは何もかも忘れ、飲みましょ」

私もただただ飲んでしまった。

私たちの席にはいろんな人が来た。座っては去り、座っては去り、誰が来たのかわからなくなっていた。頭が、脳がフラフラしてきた。首にさげたカメラで誰かを撮っている。誰だったかわからない。

ト、ト、トイレットに、

トイレに行きたい。

ロビーをうろうろ、うろうろしてしまった。

トイレはどこに、どこにあるのか。

四つん這いになってロビーを這っていく。

途中、何人かの若い衆に出合う。

「オイ、写真屋さん大丈夫かい。

わりいんだけど、大丈夫ならオレたちの写真撮ってくんない」

まいった。若い衆が写真を撮ってくれと言っている。

私は四つん這いである。

何とか起き上がるが、身体の中心が定まらない。ピントが、ピントが合わない。

芸者さん

朝の炬燵

椅子に身体を固定した。これで大丈夫である。
なんとか数枚撮った。
は、はやくトイレに行かなければ。
一目散であった。気持ちも悪くなってきた。ゲロが出そうだ。
戸を開け、おしっこをぶちまけた。そしてそのまましばらく、金隠しを抱いて寝てしまった。

＊

ドンドン、ドカッドカッ。
誰かが戸を叩いている。
開けんかい、クソたれがあ！
「誰かいるんかい！」
金隠しを抱いている私のところだ。目を覚ますが身体が動かない。動けないのである。
片腕はトイレットの中にはまってしまっている。汚いことこのうえない。
開けんかい、糞をしてえんだ！ くそー、とは言わなかったが、しばらくすると諦めて帰っていった。
私はなんとか起き上がり、またロビーをうろうろ宴たけなわの席に戻った。
Yさんは大元気である。マイク片手にご機嫌である。完全に酔っぱらっている。
心配したのか、事務局長が顔を見せた。
「お前ら、何やってるんだ！
早く部屋に戻れ！」
私とYさんは開口一番、
「事務局長もきょうは飲むんだ、飲んで飲んで飲み潰れよう、
オウオウ、イェーイ！」
事務局長は唖然としていた。
「て、てめえら勝手にしろい、後は知らねえぞ」
事務局長は行ってしまった。
次だ次だ、私とYさんは次の居酒屋に出向いてしまった。ここまで来るともうダメである。
身体が縦に横に揺れている。コンパニオンのお姉さんが二重三重に見えてきた。
もうダメだ、帰ろう部屋に。
またロビーをフラフラ、フラフラとどこをどう帰ったか覚えていない。

戸を開け部屋に入ると怖い兄ぃがいっぱいいいた。
ここはまずい。どうも部屋を間違えた。
しかしきょうはよく考えたら怖いお兄さんばっかりである、きょうのホテルは。
酔っぱらってはいるが、そのことだけはよく承知していた。
その後はまるでわからない。そして炬燵を目の前にして寝ていたのだ。

＊

寒いがまたロビーをフラフラ、フラフラ。歩いて朝飯を食べに行った。
ただ座っているだけだった。お茶をがぶ飲みする。
上座には総帥の席がデーンとある。総帥はここで朝食を食べるのか、などと考えていた。
「おい写真屋さん、事務局長が呼んでいるぞ」
若い衆が呼びにきた。事務局長の部屋へ行く。
案の定Yさんもいた。ぜんぜん元気である。Yさんはタフな人だ。
「たっちゃん、どうしたのよお。大丈夫？　心配させんなよ」
ばつが悪かった。
「さっき若い衆が、あんたがロビーをフラフラ歩いているのを見て心配してたよ。無茶するなよ、あんた」
そう言われてしまった。
まだ頭が朦朧《もうろう》としている。
帰りも事務局の人と一緒だった。
いい天気だ。太陽がまぶしい。
若い衆たちはバスで集団で東京に帰る。この光景もまた凄いものだろう。
電車の窓越しの陽射しが強い。
事務局長が、たっちゃん一杯やるか、としっかり迎え酒を用意していた。
ああー、もう勘弁してくれい！

宴会の踊り

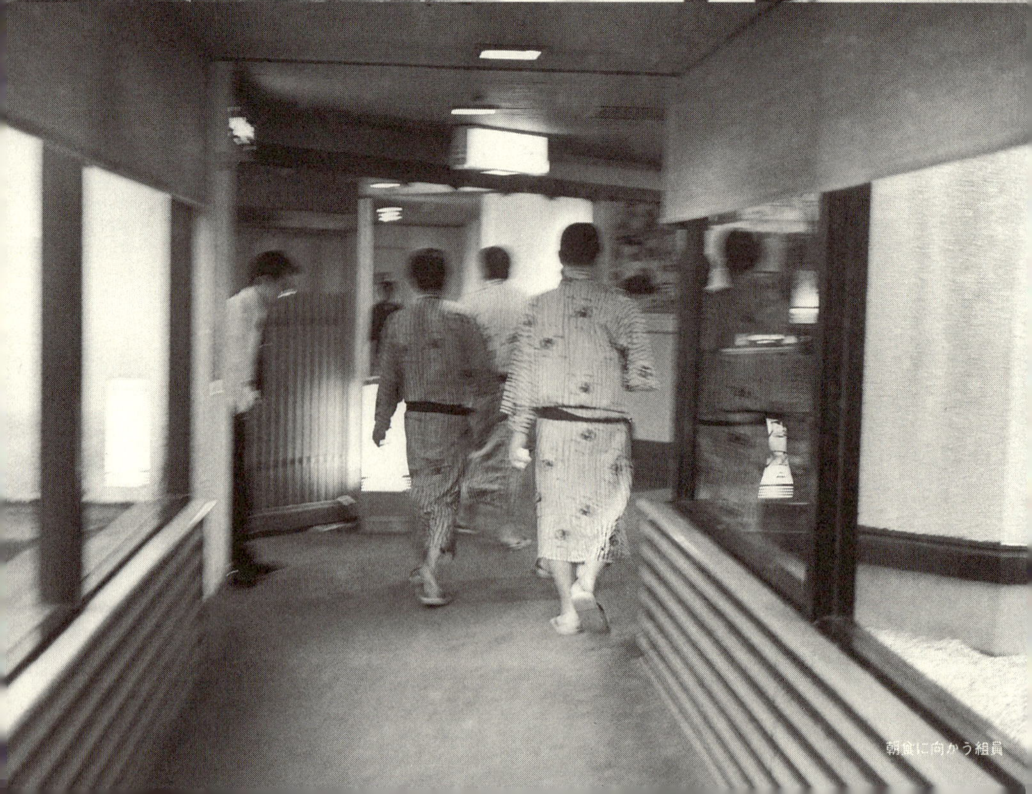

朝食に向かう組員

会長・総帥の膳

極東会執行部五代目松山直参　極東真誠会組織委員長　宮田克彦

極東会　極東真誠会常任相談役　新田清晴

極東会執行部五代目松山直参　極東真誠会運営委員長　古庄正裕

司会進行

極東会執行部五代目松山直参　極東真誠会事務局長　高橋保行

極東会五代目松山[illegible]極東真誠会会長補佐　野木勝

極東会執行部五代目松山直参　極東眞誠会執行部　高橋仁

極東会五代目松山直参　極東真誠会会長補佐　佐々木勇吾

極東会五代目松山直参　極東真誠会会長補佐　野口修

極東会執行部五代目松山直参　極東真誠会執行部　米澤瑛

極東会五代目松山直参　極東眞誠会執行部　金原正雄

極東会五代目松山直参　極東真誠会会長補佐　細山和雄

極東会五代目松山直参　極東真誠会会長補佐　宮下貢一

極東会五代目松山直参　極東真誠会会長補佐　飯田富生

飯田組
仁義
極東会 会長 松山眞一

飯田
飯田

極東会五代目松山直参　極東真誠会会長　昌國雄

惜別のレクイエム

極東会理事長　目黒主税

平成十一年十一月七日午前八時三十分。極東会理事長松山直参目黒主税、喉頭がんにて逝去。享年六十七。
突然の訃報が届いた。
あまりにも突然の悲しい知らせである。真実、心のこりがする。無念でならない。
亡くなるつい一週間前であるが、極東会の盃事で元気な姿を見受けたばかりであった。
太陽がガラス戸を通り、ロビーに反射する秋日和のソファーで、極東会会長代行池田享一氏と談笑する姿を拝見したばかりであったのだ。

＊

池袋の中心から少し離れ、高速道路の真下の道を横切ったところに目黒理事長の事務所はある。
そういえばついこの間、通り魔による殺傷事件が池袋であったばかりだ。世紀末がそうさせるのか、はたまた若者の強さ弱さがそうさせるのか。新しい世紀がすぐそこまで来ていた。
十年も前のことだ。私は目黒理事長の事務所に向かっていた。時刻は昼どきである。
「失礼します」
ドアを開け、中に進む。
「カメラの中村ですが、写真撮りにきました。目黒会長おられますか？」
「オイ、こちらへ来いや」
目黒会長に呼ばれ、親分のデスクがある奥の部屋に案内された。
「めし、食ったか？　あんちゃん。カツ丼頼んであるんだ。食っていけ」
カツ丼が届いた。大盛りである。
う、うまい。しかし普通の大盛りではなく量がほんとに多い。私はそれでもひと粒も残さずにガツガツと食してしまった。
目黒会長は自分の注文したかつ丼を私に譲ってくれたのだった。幹部の人たちもカツ丼を食していた。
ヤクザの親分の注文したカツ丼を、横取りというのか、まあちょっと事情はちがうが食べてしまった。大袈裟かも知れないが、いま思えば前代未聞である。

＊

平成九年四月、極東会関口初代分家仲四代目の継承盃が執り行われた日であった。

目黒理事長は取持人である。

式の始まる数瞬間前であったが、私はトイレに駆け込んだ。大きい方の用事を無事済ませ、戸を開けて気合を入れ直そうとしたときであった。私の目の前で目黒理事長が小さい方の用事の最中であった。

目黒理事長はウォー、ウォー叫びながら用足しをしていた。欠伸《あくび》が出にくいのだろうか、ウォーとまた叫んだ。目黒会長はその頃から病魔に冒されていたのだろう。私は呆然としてしまった。

あの日から亡くなる平成十一年の十一月まで約二年間。確実に病魔は目黒理事長の身体を蝕んでいったのであろう。私は義理場や事始めなどの公の場でしか会うことはなかったが、どんな席であろうと目黒理事長の弱られた姿は一度も見なかった。

きっと病で苦しいときもあったのではないか。

平成十一年の事始めのときである。

松山総帥以下幹部の皆さんがお茶を飲みながら談笑していた。私は挨拶と写真をと思い、その場に伺った。談笑の輪には目黒理事長もおられた。マスクを着けていた。

「理事長、風邪でもひいたのですか？」

「まいったよ。喉が痛くて」

マスクをはずして話された。

「喉が痛いんだ」

私はそのとき、目黒理事長ががんを病んでいることを知らなかった。

その後も数度、やっぱりマスクを着けた目黒理事長に義理場や盃事で会った。

目黒理事長は喉頭がんで亡くなる。

私たちはいつか死ぬのが常道であるが、人が死ぬのはやはり寂しい。魂は天上にあるのかも知れないが、あのどしっとした姿はもう見られない。関東の大親分の急逝だ。極東会としても痛恨の窮みであろう。

目黒主税理事長、その武士《もののふ》の冥福を祈るばかりである。

お疲れさまでした。

安らかにお眠りください。合掌。

極東会理事長　故・目黒主税

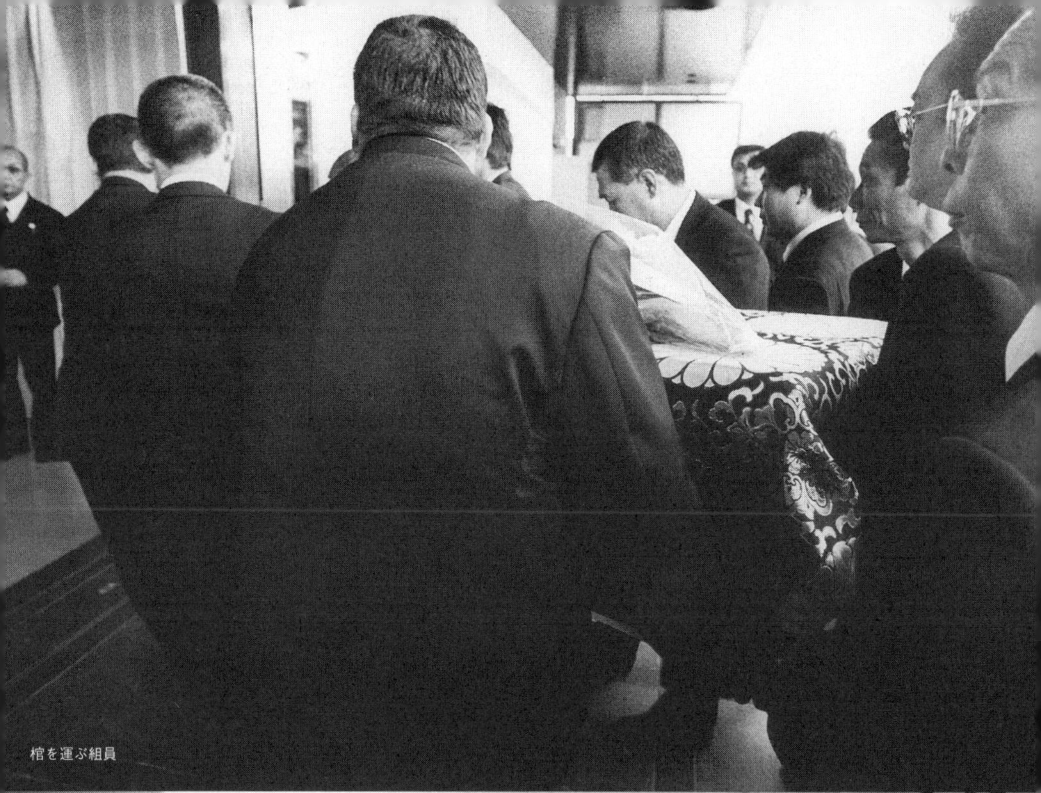

棺を運ぶ組員

極東会会長代行　極東真誠会会長　池田享一

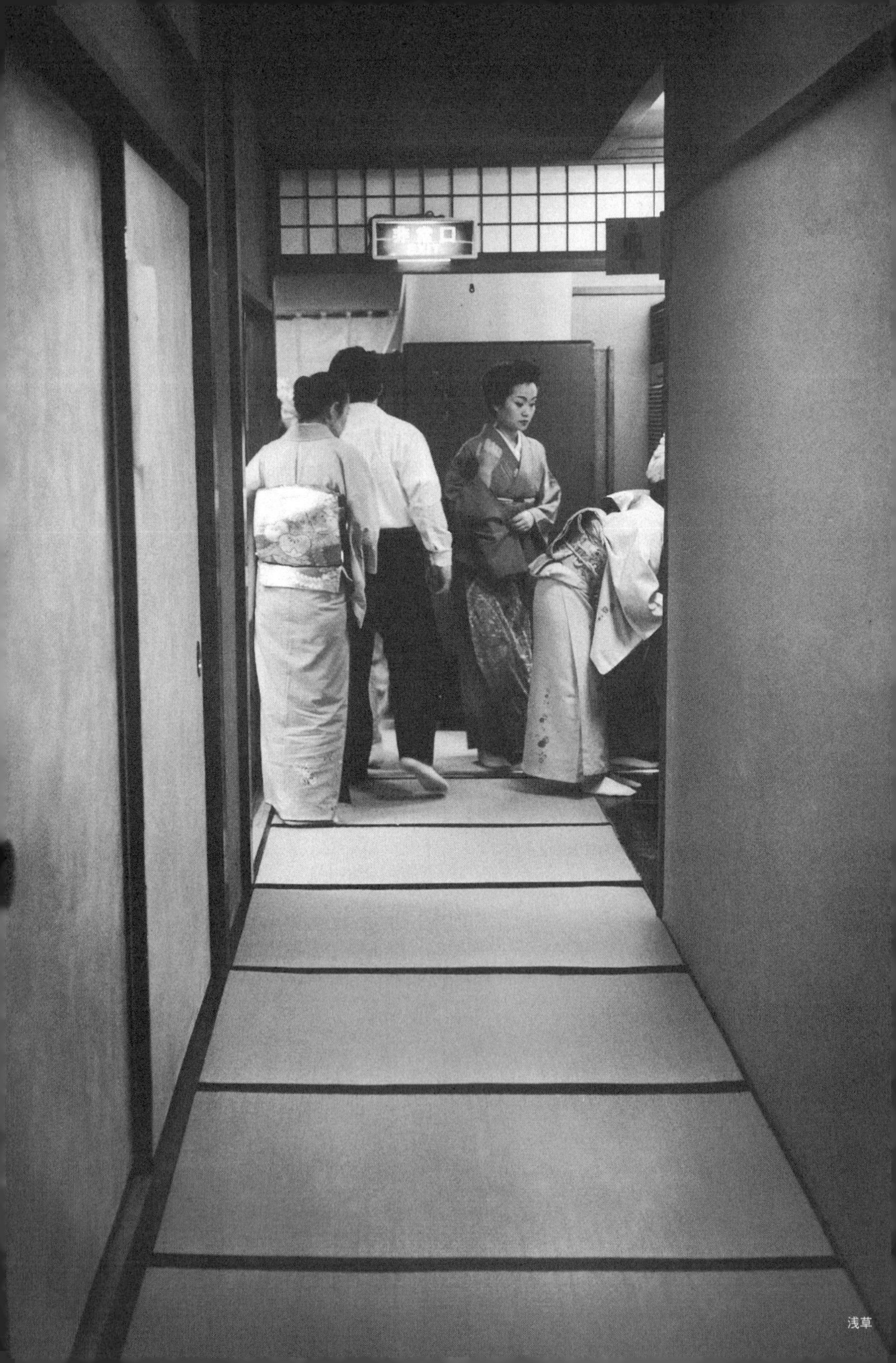

浅草

コンパニオンたち

すっぽん・新宿

極東会渉外委員長　五代目松山直参　嶋崎功

極東会組織委員長　坂井三代目　五代目松山直参　金子忠

極東会会長補佐　五代目松山直参　高橋武司

極東会会長補佐　極東真誠会常任顧問　五代目松山直参　小村健次郎

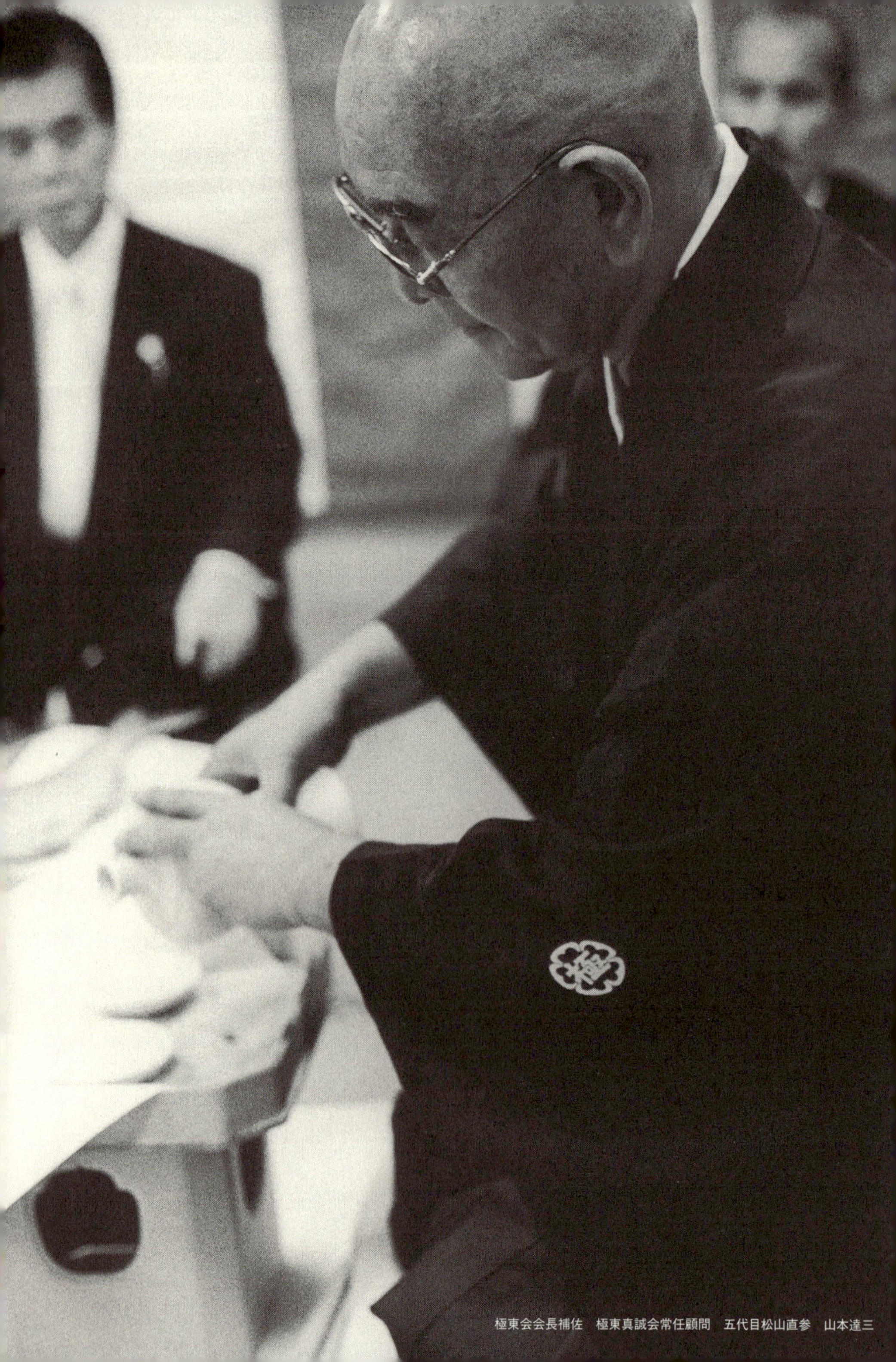

極東会会長補佐　極東真誠会常任顧問　五代目松山直参　山本達三

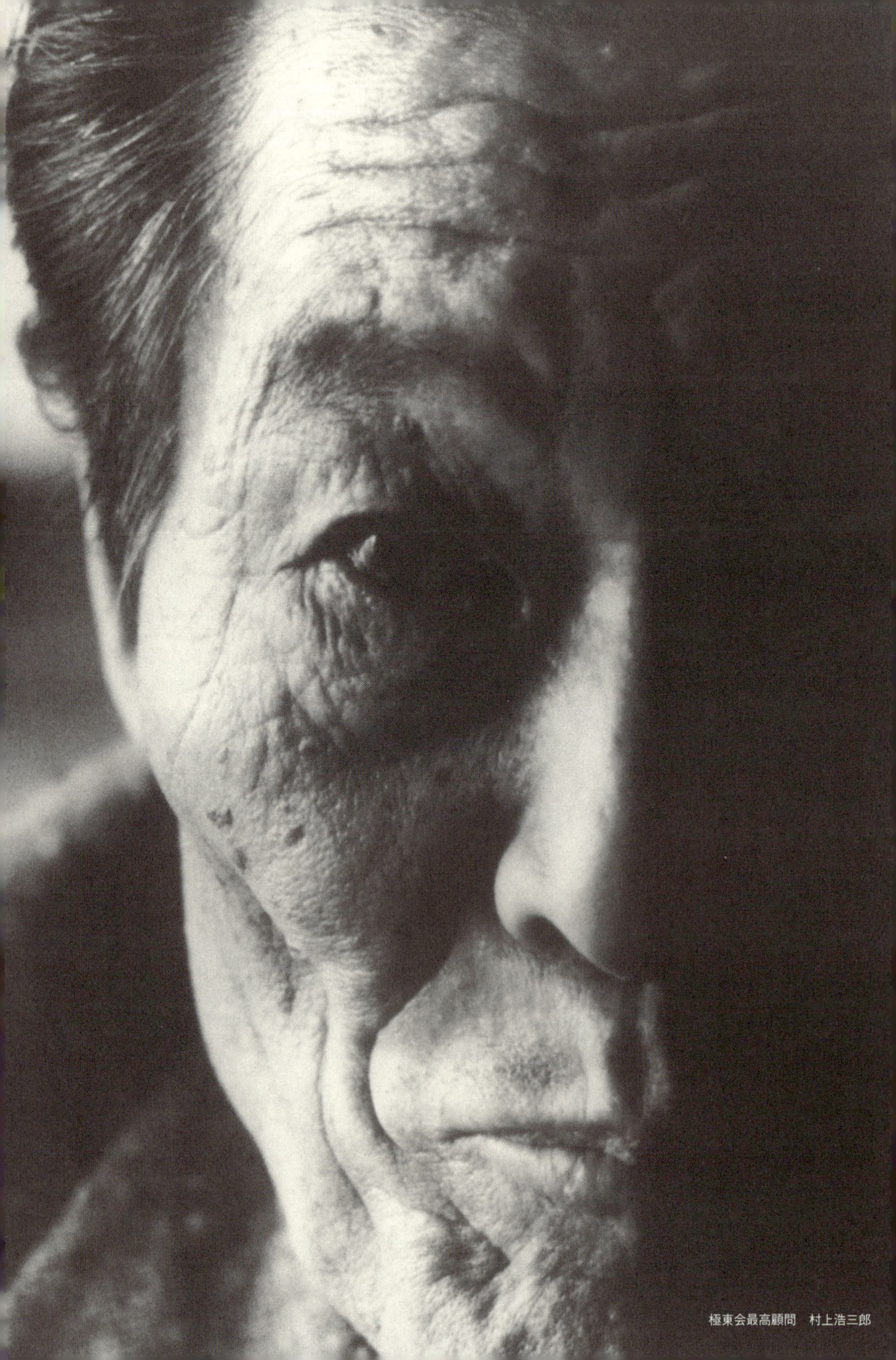

極東会最高顧問　村上浩三郎

左より　極東会総本部長　五代目松山直参　極東真誠会総本部長　小澤尚史
極東会会長補佐　五代目松山直参　極東真誠会常任顧問　鈴木嘉六
極東会会長　極東真誠会総帥　松山眞一
極東会　極東真誠会最高顧問　樋沼忠男

左より　極東会最高顧問　村上浩三郎
極東会　極東真誠会最高顧問　山口敬太郎

極東

極東会総本部長　極東真誠会総本部長　小澤尚史

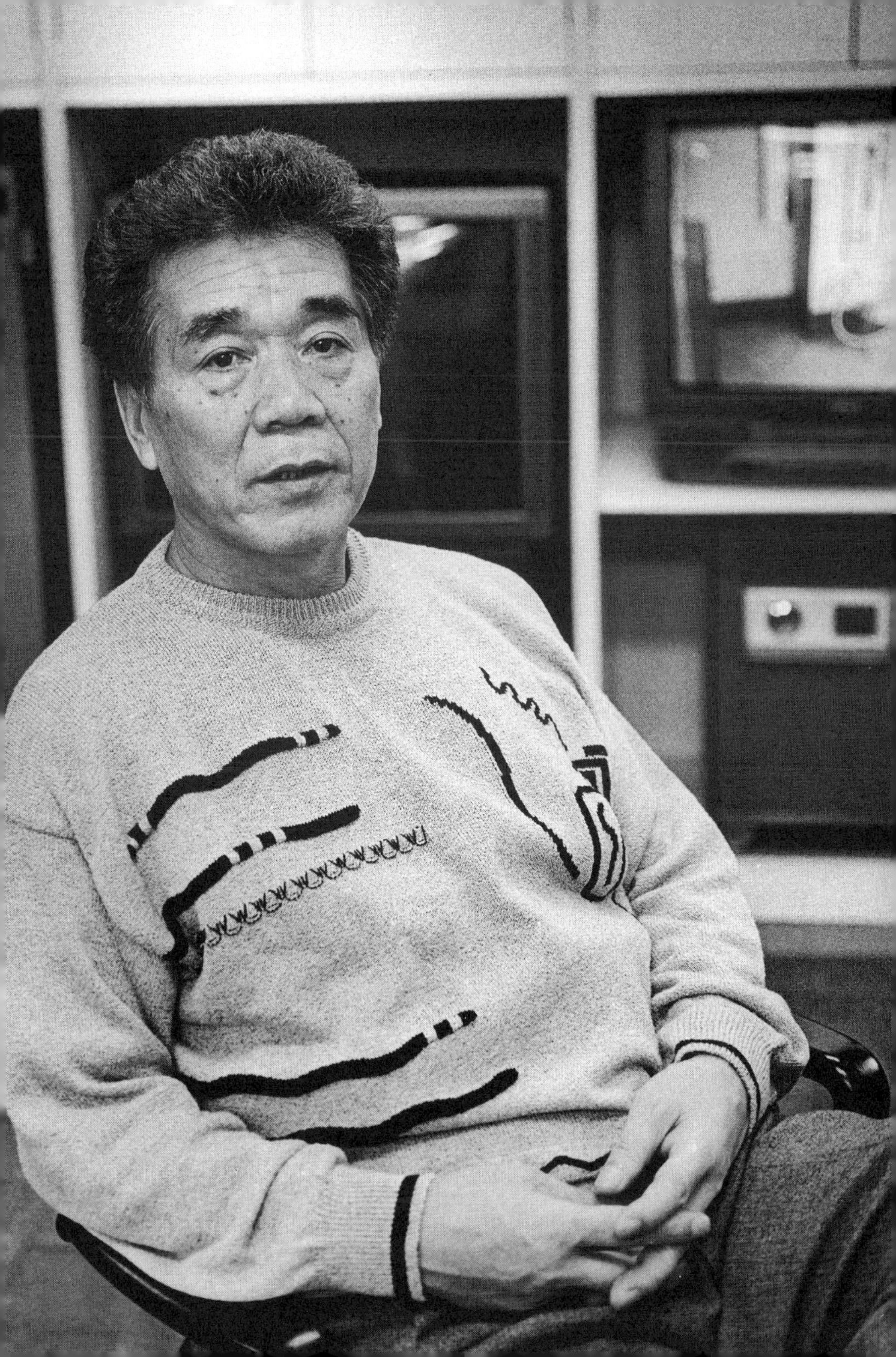

ふぐさし
ふぐちり
スッポンサワー

極東会総理事長　極東真誠会総理事長　金子三吉

極東会会長代行　極東真誠会会長　池田享一

極東会会長　極東真誠会総帥　松山眞一

極東会会長　極東真誠会総帥　松山眞一

追憶の波線

黒光りする五、六羽の烏が、私の心の動揺を察するように激しく灰色の空に飛び立つ。

母親が死亡した——。

病院までの道のり、私は何も考えず、ただドッドッ、ドッと心臓がいつもより幾分速く動くだけである。

生前の母は天井に溶け込むように両手をかざして、何かを求めるように幻覚を見ていた。喉、首、腹、いたるところに管を挿されたサイボーグみたいな姿をしていた。尾津な輪タクの車夫であった伯父の尾崎重治さん、その後を追うように私の母も亡くなってしまった。

＊

折しも、ある大組織の大親分が病で倒れたと一報が入ったばかりである。

遠くかなたで何かがうねっている。

母が亡くなった日はそんな日だった。

吾野

あとがき

かっと見開いた眼で私を凝視しながら、尾崎の伯父さんが手術室に向かった。
血へどを吐く数カ月前、関東尾津組の組員だった重治さんを始めとする伯父たちに、その生きざまを聞いてみたいと思いついたばかりだった。
尾崎の伯父さんの葬儀が終わった一年後、ある大組織の継承盃が執り行なわれた。
撮影の準備に追われている私の隣で最高幹部の長老がボソッと呟いた。
「……中村さん、わしは身も心も疲れたよ」
二十代始めから三十年近く、ヤクザに限らないが、裏の世界と呼ぶべき、もうひとつの男たちの姿を撮影してきた私にとって、長老の呟きは胸に突き刺さった何かの塊のような気がした。
太く短く生き、他人に弱みを見せないのが極道の建前ではあるが、やはりヤクザも人の子である。スーパーマンではあり得ない。
毎年毎年、新しい親分が誕生する。新しい親分として、また一人ひとりのドラマが始まる。
人は生まれた瞬間から死への旅路を歩む。始まりのドラマがあり、終わりのドラマがある。
ひとつの表の世界があり、もうひとつの裏の世界に生きる侠《おとこ》たち。その世界の断片を少しでも見つめてもらえればと思う。

二〇〇一年六月

中村龍生

◎著者について

中村龍生（なかむら りゅうせい）

一九五二年東京・田無生まれ。スタジオ助手を経てフリーの写真家に。二十代前半より月刊「近代麻雀」専属をはじめ、各雑誌を主舞台に活動。併行してヤクザ、雀士等、特異な世界に生きる男たちの生態を追い続けている。月刊「実話時代」に「ファインダー越しの侠たち」を連載中。作品集に『レイジー』（ペップ出版）『阿佐田哲也　修羅場ノート』（KKベストセラーズ・共著）『オンザロード』『幻覚の都　水に落ちた月』（私家版）等がある。私生活では遊興と放蕩をつくしながらも縁薄く独身。

華《はな》を喰《く》らう侠《おとこ》たち

◎著者
中村龍生《なかむらりゅうせい》

◎発行
初版第1刷　2001年7月16日

◎発行者
田中亮介

◎発行所
株式会社 成甲書房

郵便番号101-0064
東京都千代田区猿楽町2-2-5
振替00160-9-85784
電話 03(3295)1687
E-MAIL　mail@seikoshobo.co.jp
URL　http://www.seikoshobo.co.jp

◎印刷・製本
株式会社シナノ

ISBN4-88086-120-0